Florian Karlstedt

Qualitätskennzahlen im Projektmanagement

Entwicklung eines Kennzahlensystems
zur Quantifizierung der Effektivität und Effizienz
im Großanlagenbau

Karlstedt, Florian: Qualitätskennzahlen im Projektmanagement: Entwicklung eines Kennzahlensystems zur Quantifizierung der Effektivität und Effizienz im Großanlagenbau, Hamburg, Igel Verlag RWS 2014

Buch-ISBN: 978-3-95485-236-9
PDF-eBook-ISBN: 978-3-95485-736-4
Druck/Herstellung: Igel Verlag RWS, Hamburg, 2014

Bibliografische Information der Deutschen Nationalbibliothek:
Die Deutsche Nationalbibliothek verzeichnet diese Publikation in der Deutschen Nationalbibliografie; detaillierte bibliografische Daten sind im Internet über http://dnb.d-nb.de abrufbar.

© Igel Verlag RWS, Imprint der Diplomica Verlag GmbH
Hermannstal 119k, 22119 Hamburg
http://www.diplomica.de, Hamburg 2014
Printed in Germany

Inhaltsverzeichnis

Abkürzungsverzeichnis Begriffe

AGAB	-	Arbeitsgemeinschaft Großanlagenbau
AKV	-	Aufgaben, Kompetenzen, Verantwortung (Arbeitsanweisung)
BS	-	British Standard
BSC	-	Balanced Scorecard
bzw.	-	beziehungsweise
ca.	-	circa
DEPM	-	U.S. Department of Energy Project Management
DIN	-	Deutsches Institut für Normung
d.h.	-	das heißt
EDV	-	Eingabe Daten Verarbeitung
EFQM	-	European Foundation for Quality Management
EPC	-	Engineering, Procurement, Construction
et al.	-	et alii
f	-	folgend
ff	-	fortfolgende
HSE	-	Health, Safety and Environment
Hrsg.	-	Herausgeber
MENA	-	Middle East and North Africa
OHSAS	-	Occupational Health and Safety Assessment Series
pacer	-	Proposal and Contract Execution Reliability
PM	-	Projektmanagement
PMBOK	-	Projektmanagement Body of Knowledge (Projektmanagement-Handbuch)
PSR	-	Project Status Report
QA/QC	-	Quality Assurance / Quality Control (Qualitätssicherung/ Qualitätskontrolle)
S.	-	Seite
SU	-	Service Unit
u.a.	-	unter anderem
VDMA	-	Verband Deutscher Maschinen- und Anlagenbau
vgl.	-	vergleiche
z.B.	-	zum Beispiel

Abkürzungsverzeichnis Kennzahlen

ACWP	-	Actual Costs Work Performed
BCWP	-	Budgeted Costs Work Performed
BCWS	-	Budgeted Costs Work Scheduled
CO	-	Contingencies
CF	-	Cash Flow
COQ	-	Costs of Quality
CVA	-	Cash Value Earned
DB II	-	Deckungsbeitrag II
		→ *Umsatz - variable Kosten – Projektspezifische Fixkosten*
DCF	-	Discounted Cash Flow
EV	-	Earned Value
EVA	-	Economic Value Added
F	-	Fehler / Fehlerkosten
i	-	Indizes der Teilperiode i
j	-	Indizes des Projekts j
K	-	Kosten
LTIF	-	Lost Time Injured Frequency
N; n	-	Anzahl
NCR	-	Non Conformance Report
p	-	Indizes der Periode p
R	-	Gewinn (Return)
ROCE	-	Return on Capital Employed
ROE	-	Return on Equity
ROI	-	Return on Investment
S	-	Umsatz (Sales)
T	-	Termin/ Zeitpunkt

1. Einleitung

1.1. Problemstellung

Kennzahlen und Kennzahlensysteme sind ein essenzielles und vielfältiges Instrumentarium, mit dessen Hilfe sich die unterschiedlichsten Prozesse und Sachverhalte quantitativ abbilden lassen, um so steuer- und kontrollierbar zu werden. Die Ferrostaal AG, ein renommierter Anbieter von Industriedienstleistungen im Großanlagenbau mit umfangreichen Erfahrungen im Projektmanagement als EPC-Contractor, beschäftigt sich im Rahmen seiner Qualitätsoffensive „Operational Excellence" mit dem Aufbau eines Kennzahlensystems zur Quantifizierung der eigenen Prozessqualität. Ziel ist es, diese mit Hilfe der Effizienz und Effektivität in der Entwicklung und Durchführung der Projekte abbilden und messen zu können. Mittels einer Betrachtung der erhobenen Werte lässt sich unter anderem auch die Entwicklung der jeweiligen Prozesse analysieren, was wiederum die Grundlage für einen kontinuierlichen Verbesserungsprozess darstellt.[1]

Der Großanlagenbau zeichnet sich im Besonderen durch die kundenspezifische Auftragsfertigung, die ausgeprägte Internationalität und Risikoanfälligkeit der Projekte sowie die Hochwertigkeit der Einzelaufträge aus. Ein weiteres markantes Merkmal des Großanlagenbaus ist die besonders hohe technische, wirtschaftliche und planerische Komplexität der Projekte, von ihrer Entwicklung bis hin zur Abwicklung. Dabei wird die Quantifizierung des Gesamtprozesses der Projektentwicklung und -durchführung durch verschiedene Faktoren erschwert, zu denen neben der geringen Anzahl der durchgeführten Projekte auch die ausgeprägte Heterogenität der verschieden Projektresultate und der Langzeitcharakter der Projekte zu zählen ist.[2]

Einzelne Teilprozesse und -bereiche der Ferrostaal AG nutzen bereits spezifische Kennzahlen, um ihre Prozessqualität und deren Entwicklung betrachten zu können. Diese Kennzahlen sind aufgrund der Vernachlässigung der Wechselwirkungen zwischen den verschiedenen Teilprozessen nur beschränkt für die Betrachtung und Bewertung des Gesamtprozesses nutzbar. Dem entspricht, dass die Auswahl der Kennzahlen prinzipiell durch die unterschiedlichen und spezifischen Anforderungen der jeweiligen Verwendung geprägt wird. Dabei unterliegen die verschiedenen Kennzahlen und Kennzahlensysteme einem grundlegenden Zielkonflikt, der sich aus einer angestrebten größtmöglichen Flexibilität und einem größtmöglichen Geltungsbereich und andererseits einer individuellen Konkretisierung

---

[1] Vgl. Abbildung 7, S. 23.
[2] Vgl. Müller (2008), S. 55f.

ergibt, die darauf zielt, möglichst spezifische Rückschlüsse aus der Performance der Projektentwicklung und -durchführung auf die Entwicklung der Projektqualität ziehen zu können.[3] Daneben bestehen weitere äußere Anforderungen an die Auswahl der Kennzahlen wie z.B. die Wirtschaftlichkeit ihrer Erhebung, ihre Aktualität, ihre Resistenz gegenüber externen Einflüssen sowie ihre Eindeutigkeit und Verständlichkeit.[4] Neben den theoretischen Hürden sind bei der Entwicklung eines Kennzahlensystems auch die Hürden in der operativen Umsetzung zu berücksichtigen. Diese können unter anderem durch die Beharrlichkeit oder über die jahrelang eingeschliffenen Routinen der Mitarbeiter entstehen und kritische Barrieren für die erfolgreiche Implementierung des Kennzahlensystems darstellen.[5]

Gängige und allgemeingültige Kennzahlensysteme die sich zur Quantifizierung des Prozesses der Projektabwicklung im Großanlagenbau eignen, sind in der vorliegenden Literatur nicht vertreten. Als Beispiel ermöglicht das an das EFQM-Modell angelehnte und im Projektmanagement weit verbreitete Project-Excellence-Modell[6] unter Verwendung quantitativer und qualitativer Kennzahlen eine Bewertung der vorhandenen Strukturen und Instrumentarien. Dieser einheitliche Bewertungsprozess ermöglicht sowohl ein internes als auch ein externes Benchmarking. Eine Prozessbetrachtung hinsichtlich Effizienz und Effektivität wird im Rahmen dieses Modells jedoch vernachlässigt.

1.2. Zielsetzung

Das Ziel der vorliegenden Arbeit ist es, ein Kennzahlensystem zu entwickeln, das die Effizienz und Effektivität der Projektabwicklung quantitativ abbilden kann, um mittels dieser Kennzahlen die Prozessqualität und ihre Entwicklung mess- und steuerbar zu machen, getreu dem Motto: *"You can't manage what you can't measure."*[7]

Sowohl Effizienz als auch Effektivität werden im Rahmen dieser Arbeit als Indikatoren der erbrachten Leistung /Performance der Projektabwicklung betrachtet. Über diese sollen Rückschlüsse auf die Qualität des Gesamtprozesses und die entsprechende Entwicklung ermöglicht werden. Langfristig zielt das Kennzahlensystem darauf ab, als Indikator die Entwicklung der Prozessqualität abzubilden und den Verbesserungsprozess mess- und somit steuerbar zumachen. Dabei wird das Kennzahlensystem nicht die einzelnen Projekte betrachten, sondern eine periodenbezogene Betrachtung vornehmen. Diese pauschale

---

[3] Vgl. George (1998), S. 55ff.
[4] Vgl. DEPM (2005), S. 10.
[5] Vgl. GPM (2009), S. 61f.
[6] Vgl. Ottmann & Schelle (2008), S. 40ff und GPM (2009), S. 73f.
[7] Zitat - alte Managementweisheit u.a. in Deming (1986), Crosby (1979).

Betrachtung der Perioden ermöglicht die Bewertung der Prozessqualität über die unterschiedlichsten Projekte hinweg und somit auch einen Vergleich mit vorangegangenen Perioden, der sich zwischen den verschiedenen Projekten weitaus komplexer gestaltet. Das Kennzahlensystem bildet durch die Quantifizierung des Prozessergebnisses die Basis für spezifische Maßnahmen zur Prozessoptimierung.

Die Anforderungen an das Kennzahlensystem sind sehr vielseitig. Zum einen sollte ein solches Kennzahlensystem robust gegenüber Manipulation und Einflüssen von außen sein, die verwendeten Kennzahlen sollten hinsichtlich ihrer Definition und Abgrenzung transparent und eindeutig sein. Zum anderen müssen die ausgewerteten Messwerte hinsichtlich der betrachteten Periode eine angemessene Aktualität aufweisen, sie sollten verständlich und unter einem vertretbaren Aufwand zu erheben und zu messen sein. Die Nutzung bereits vorhandener Kennzahlen verringert den Aufwand für die Definition, die Abgrenzung sowie die Erhebung und ermöglicht es zugleich vorübergehende Widerstände auf Seiten der betroffenen Mitarbeiter zu umgehen bzw. zu mindern.

1.3. Vorgehensweise

Nach einer umfassenden Erläuterung der wichtigsten Begriffe und ausführlichen Beschreibung der Prozesse und der hier relevanten Problemstellung der Ferrostaal AG im ersten Teil der Arbeit (Kapitel 2 und 3) beschäftigt sich der anschließende zweite Teil (Kapitel 4) ausführlich mit den Grundlagen zum Thema Kennzahlen und Kennzahlensysteme. In diesem Zusammenhang wird neben den Charakteristika und der Systematisierung auch die Vergleichbarkeit von Kennzahlen und Kennzahlensystem behandelt. Im Anschluss an die Beschreibung der Eigenschaften werden einige spezifische Kennzahlensysteme aufgezeigt und deren Eignung für die Problemstellung kurz diskutiert.

Im dritten Teil der Arbeit (Kapitel 5) wird ein spezifisches Kennzahlensystem für die Bewertung der Prozessqualität der Ferrostaal AG entwickelt. Als Grundlage für die Entwicklung des Kennzahlensystems wird mittels einer umfassenden Literaturrecherche und spezifischen Kriterien eine erste Grobauswahl vorgenommen. Die Literaturrecherche konzentriert sich unter anderem auf Kennzahlen und Kennzahlensysteme im Projektmanagement und in der Bauindustrie, da bis dato kaum spezifische Kennzahlen für den Großanlagenbau vorliegen. Im nächsten Schritt werden Kriterien für die Anforderungen an die Kennzahlen im Großanlagenbau entwickelt und mittels dieser Kriterien aus den Kennzahlen der Grobauswahl verschiedene für eine Vorauswahl selektiert. In die finale

Auswahl der Kennzahlen werden verschiedene Führungskräfte und Mitarbeiter mit entscheidenden Erfahrungen in spezifischen Schlüsselpositionen (Terminplanung, Projektcontrolling, QA/QC etc.) in Form von Befragungen und Interviews mit einbezogen. Dabei bewerten sie die Kennzahlen der Vorauswahl hinsichtlich ihrer tatsächlichen Aussagekraft und Erfassbarkeit. Die Mitarbeiterinterviews erfassen auf diesem Weg die Erfahrungen in der Praxis und schaffen eine Identifikation mit dem System. Im abschließenden vierten Teil der Arbeit (Kapitel 6 und 7) werden die ausgewählten Kennzahlen sowie ihre jeweiligen Stärken und Schwächen ausführlich diskutiert. Im Anschluss wird ein Fazit über die Arbeit gezogen und ein Ausblick auf das zukünftige Vorgehen gegeben.

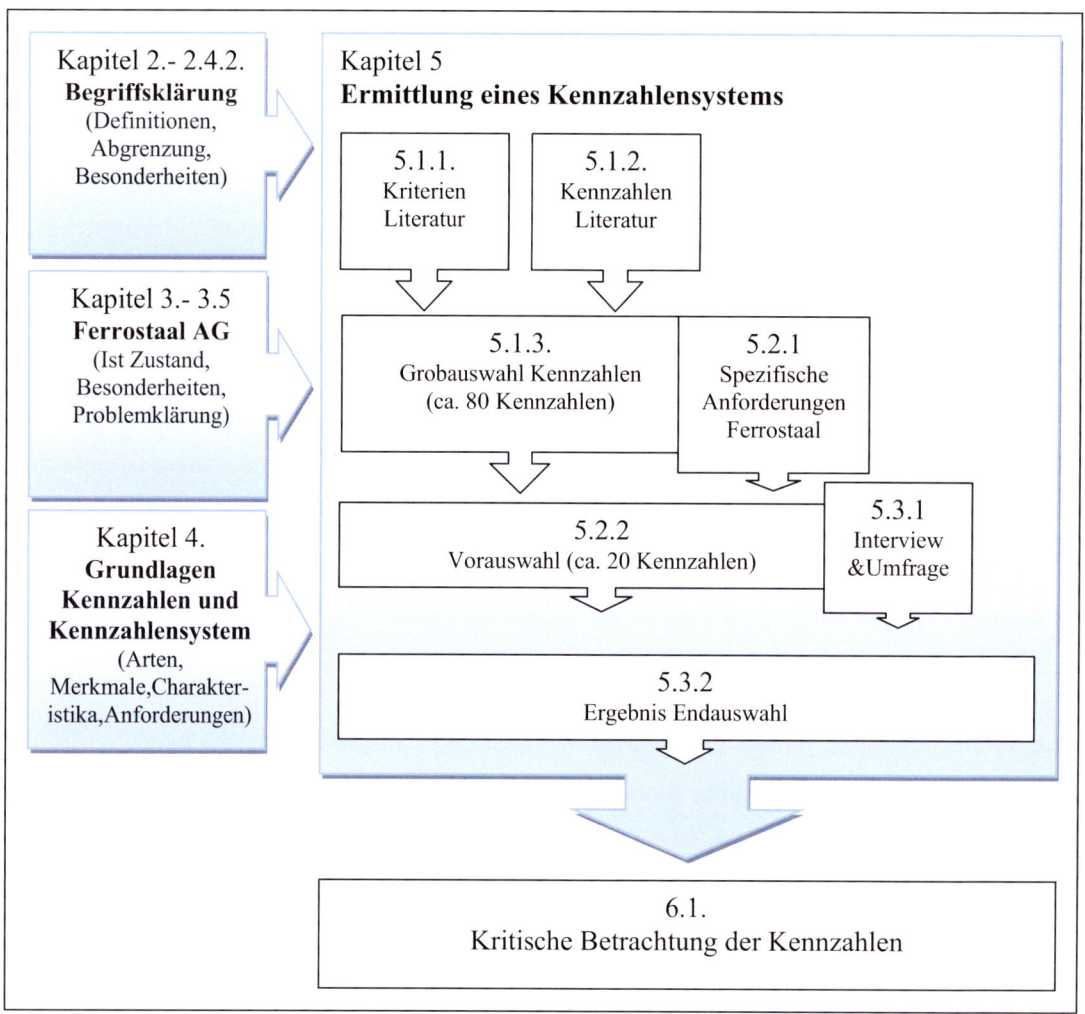

Abbildung 1: Vorgehen in Ermittlung des Kennzahlensystems

2. Begriffserläuterung

2.1. Anlagenbau

2.1.1. Anlagenbau allgemein

Mit mehr als 6.000 Unternehmen zählt der Maschinen- und Anlagenbau mit seinen 39 Teilbranchen zu den fünf wichtigsten Industriezweigen in Deutschland.[8] Er durchdringt die vollständige Wertschöpfungskette der Investitionsgüterindustrie. Mit seinen über 912.000 Beschäftigten ist der Maschinen- und Anlagenbau der größte industrielle Arbeitgeber, und er spielt durch seine Exportorientierung sowie die Vielzahl an Partnerschaften für die Entwicklung und Umsetzung von Innovationen eine tragende Rolle für den Erfolg der deutschen Wirtschaft.[9] Die hohe Wertigkeit der Produkte, die zum Teil individuelle Anpassung an die Bedürfnisse und Anforderungen des Kunden, der hohe Technologiestandard und die verhältnismäßig geringen Stückzahlen sind kennzeichnend für den Maschinen- und Anlagenbau.

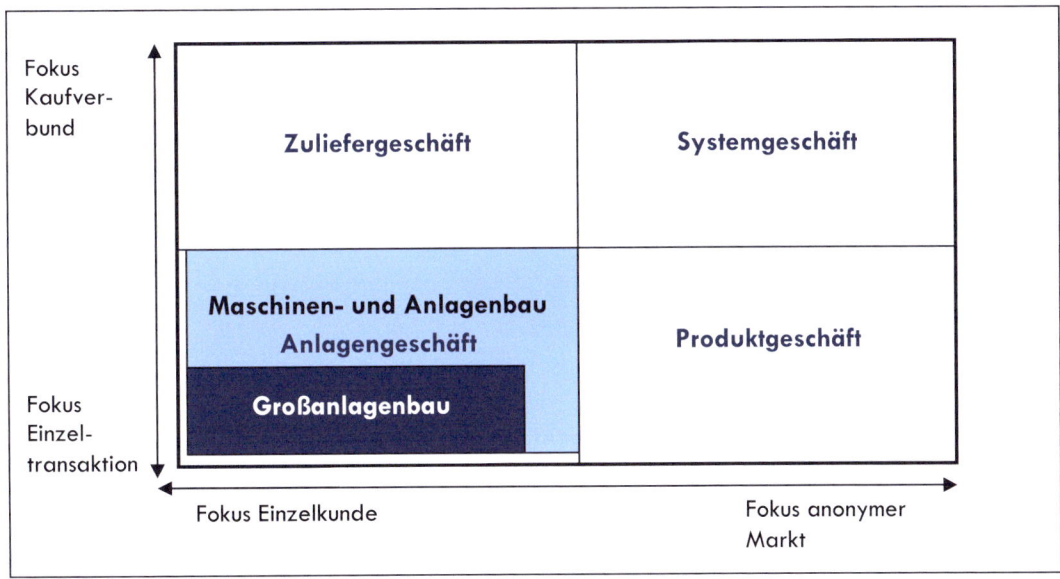

Abbildung 2: Einordnung des Großanlagenbaus in das Anlagengeschäft[10]

Das Anlagengeschäft grenzt sich durch die Einzelstückfertigung sehr kostenintensiver Produkte entsprechend den Anforderungen und Bedürfnissen des Kunden von den anderen Geschäftsformen ab. Das Produktgeschäft hingegen kann über große Stückzahlen einen hohen Grad an Standardisierung erreichen, wobei ein anonymer Markt bedient wird. Das Systemgeschäft zeichnet sich durch die Lieferung von systematisierten sowie

---

[8] Vgl. VDMA (2007a), S. 24.
[9] Vgl. Stricker (2011), S. 78.
[10] Eigene Darstellung in Anlehnung an Backhaus & Voeth (2007), S. 202.

teilstandardisierten Komponenten für anonyme Kunden aus. Das Zuliefergeschäft wiederum grenzt sich durch seine Konzentration auf meist einen einzelnen Kunden und eine geringe Komplexität des gelieferten Produkts/der gelieferten Leistung ab.

2.1.2. Großanlagenbau

Der Großanlagenbau zeichnet sich als Teilbereich des Maschinen- und Anlagenbaus besonders durch die Größe der entsprechenden Projekte (mehr als 25 Mio. €) aus. Gemessen am Auftragsvolumen 2010 in Höhe von 22,4 Mrd. € und rund 52.000 Arbeitnehmern stellt der Großanlagenbau einen der bedeutendsten Teile des Maschinen- und Anlagenbaus dar.[11] Die Aufgabenfelder des Großanlagenbaus sind sehr breit gefächert und reichen vom Kraftwerksbau über den Bau von Hütten und Walzwerken oder von Chemie-Komplexen bis hin zum Bau von Anlagen für die Lebensmittelindustrie (siehe Abb.2)

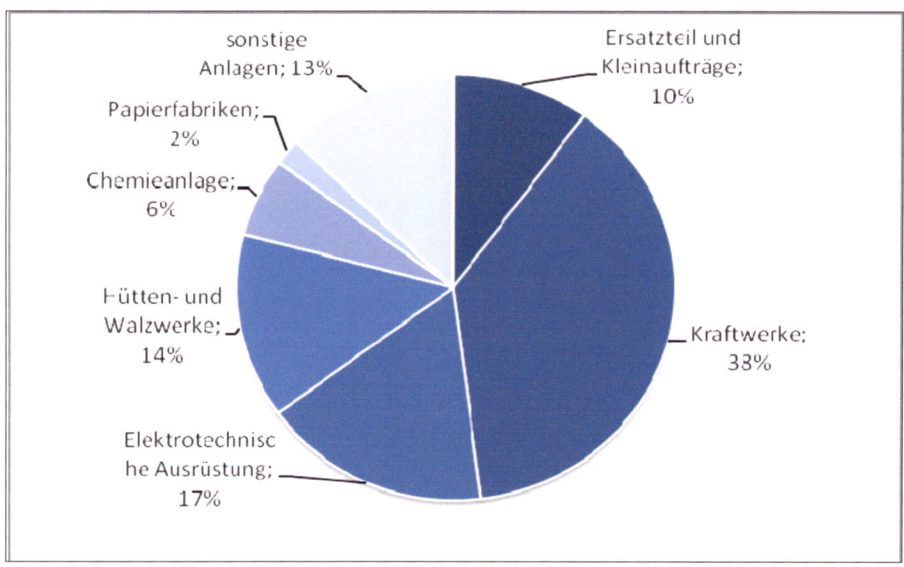

Abbildung 3: Gesamter Auftragseingang Deutschland nach Anlagenart 2010[12]

Eine theoretisch fundierte und durchgehend einheitliche Definition des Großanlagenbaus ist in der Literatur nicht vorzufinden. Allerdings lässt sich der Begriff aus den unterschiedlichen Auffassungen, Erklärungen und Definitionen genauer umreißen.[13]

Die Arbeitsgemeinschaft Großanlagenbau (AGAB) des VDMA beschreibt seine Mitglieder als „*Unternehmen mit der Fähigkeit, auf Basis umfassender Kenntnis des verfahrenstechnischen Prozessablaufs ein- oder mehrmals jährlich kundenspezifische Industrieanlagen im Wert von je mindestens 25 Mio. €*" herzustellen.[14] Dabei können diese

---

[11] Vgl. VDMA (2011) - Auftragseingang 2010 Ausland: 17.6 Mrd. € und Inland 4.8 Mrd. €.
[12] Eigene Darstellung in Anlehnung an VDMA (2011).
[13] Vgl. Müller (2008); S. 20ff.
[14] Zitat: VDMA (2007b), S. 1.

Projekte häufig ein Volumen von über 100 Millionen Euro und vereinzelt sogar von mehr als 700 Millionen Euro erreichen.[15] Die durchschnittliche Dauer der Projektentwicklung und -durchführung beträgt für Aufträge im Großanlagenbau zwei bis drei Jahre.[16] Die Projektausführung wird in der Regel durch die Zusammenarbeit eines oder mehrerer Generalunternehmen und einer Vielzahl Subunternehmen bewerkstelligt. Der Generalunternehmer[17] (*General Contractor*) spielt dabei eine zentrale Rolle in der Projektdurchführung und ist unter anderem verantwortlich für die „*Kombination und Integration verschiedener Lieferungen und Leistungen zu einem funktionsfähigen System (Industrieanlage) zur Bewirkung eines Prozessablaufs, der verschiedene, miteinander verbundene Prozessschritte umfasst.*"[18]

Die Lieferungen im Großanlagenbau bestehen vorrangig aus Teilanlagen, Maschinen, Apparaten sowie verbindenden Elementen, aber auch Software. Die zu erbringenden Leistungen im Rahmen des Großanlagenbaus sind nach Definition des VDMA die Dokumentation, Schulung, Finanzierung, Herstellung und/oder Einkauf (weltweit), Inbetriebnahme, Instandhaltung, Konstruktion, Lieferung sowie Montage und Planung.[19] Folglich entsteht die Wertschöpfung im Großanlagenbau nur zum Teil durch die Herstellung und Montage, denn „*Leistungen mit immateriellem Charakter, die zur funktionsfähigen Errichtung einer Industrieanlage notwendig sind, nach Erstellung ihre Funktionsfähigkeit sichern oder spezielle Nachfragewünsche, die im Zusammenhang mit dem Kauf einer Anlage entstehen, befriedigen können*"[20], tragen ebenso einen großen Teil zur Wertschöpfung bei. Dazu werden unter anderem Dienstleistungen wie die Finanzierung, das Projektmanagement (und -ausführung), das Risikomanagement, der Einkauf und weitere Tätigkeiten gezählt, die im Rahmen der Durchführung der Projekte im Großanlagenbau eine hervorgehobene Rolle einnehmen. Die deutschen Großanlagenbauer können sich besonders durch ihre Technologieführerschaft und die Fähigkeit hervortun, selbst sehr komplexe und risikoreiche Projekte als schlüsselfertige Festpreisprojekte (*Lump-Sum-Turnkey*) anzubieten. Jahrelange Erfahrungen und gewachsene Kompetenzen im Projektmanagement spielen bei den Projekten im Großanlagenbau eine entscheidende Rolle für die erfolgreiche Projektentwicklung und -

---

[15] Vgl. Gleich et al.(2005), S. 183.
[16] Vgl. VDMA (2011); Gleich et al. (2005), S. 183.
[17] Zur besseren Lesbarkeit wird im weiteren Verlauf der Singular verwendet.
[18] Zitat: VDMA (2007b), S. 1.
[19] Vgl. VDMA (2007b), S. 1.
[20] Zitat: Weiber (1985), S. 9f.

durchführung.[21] Zusammenfassend zeichnet sich der Großanlagenbau durch die folgenden Merkmale aus:

Tabelle 1: Merkmale des Großanlagenbaus[22]

Merkmal	Beschreibung
Kundenspezifische Auftragsfertigung	• individuell auf die Bedürfnisse des Kunden abgestimmte Produkte/Projektlösungen
Hohe Komplexität der Auftragsabwicklung	• hohe Komplexität der Einzelprozesse • hoher Abstimmungsbedarf zwischen den Einzelprozessen
Langzeitcharakter	• Projektlaufzeit regelmäßig länger als 2 Jahre
Variabilität des Lieferumfangs und Auftragsinhalts	• Umfang und Art der Lieferung und Leistungen können sich im Projektverlauf ändern • Änderungs- und Claim-Management sind wichtige Bestandteile des Großanlagenbaus • durch Dauer bedingte Anpassungen
Kooperative Anbietergemeinschaften	• Anteil der Leistung durch Subunternehmer und Lieferanten beträgt häufig mehr als 75 %
Starkes Know-how-Gefälle	• große Unterschiede im Technologiewissen und Projektmanagement zwischen Kunden und (spezialisiertem) Auftragnehmer
Hochwertigkeit des Einzelauftrags	• Auftragsvolumen über 25 Mio. € bis mehr als 1 Mrd. € • geringe Anzahl von Projekten pro Jahr
Internationalität	• Einkauf im globalen Umfeld • Zusammenarbeit mit weltweiten Subcontractors • Kunden und Projekte weltweit
Hohe Risikoanfälligkeit	• durch hohes Projektvolumen hohes finanzielles Risiko • hohe Komplexität macht Risikoabschätzung schwierig • politische Risiken angesichts Dauer und Volumen • Währungs- und Kreditunsicherheiten

---

[21] Vgl. Gleich et al. (2005), S. 182.
[22] Eigene Darstellung in Anlehnung an Müller (2008), S. 55ff.

2.2. Prozessqualität

Der Begriff *Prozessqualität* setzt sich aus den Begriffen *Prozess* und *Qualität* zusammen, die jeweils allgemein in der DIN EN ISO 9000/2005 definiert sind. Aus diesen Einzeldefinitionen lässt sich eine zusammengefasste Definition für den Begriff der *Prozessqualität* ableiten. Der Begriff *Prozess* ist in der DIN EN ISO 9000/2005 definiert als

> *„Satz von in Wechselbeziehung oder Wechselwirkung stehenden Tätigkeiten, der Eingaben in Ergebnisse umwandelt."*[23]

Eine vergleichbare, allgemein gehaltene und auf verfahrenstechnische Prozesse ausgerichtete Definition ist in der ISO 10006 zu finden. Der Grundtenor beider Definitionen versteht *Prozesse* als Wirkungsabläufe.[24] In der englischsprachigen Literatur werden die Definitionen des Begriffs *Prozess* konkreter:

> *"A Process is simply a structured, measured set of activities designed to produce a specified output for a particular customer or market and that they are the structure by which an organization follows that is necessary to produce value for its customers."*[25]

Anders als die allgemein gehaltene Definition der DIN EN ISO 9000/2005 befasst sich diese Definition von Davenport spezifisch mit den Kernprozessen der Unternehmen. Der Begriff *Kernprozesse* bezieht sich auf jene Schlüsselprozesse, die den bedeutendsten Teil zur Wertschöpfung des Unternehmens beitragen. Sie erzeugen den vom Kunden wahrgenommen Mehrwert oder Nutzen und sind aufgrund dieser Bedeutung nicht oder nur mit hohem Aufwand substituierbar. Die Kernprozesse sind häufig durch spezifisches Know-how gekennzeichnet, welches nicht oder nur sehr schwer zu adaptieren ist und damit ein spezifisches Abgrenzungsmerkmal des Unternehmens darstellt.[26] Da sich diese Arbeit an der Qualität des Gesamtprozesses orientiert, ist eine Differenzierung in Kern-, Führungs- und Unterstützungsprozesse für den weiteren Verlauf der Arbeit nicht relevant. Die Arbeit hält sich dementsprechend an die allgemeine Definition des Begriffs *Prozess* in der DIN EN ISO 9000/2005.

Der Begriff *Qualität* ist in der Literatur je nach Verwendung und Hintergrund in Verbindung mit unterschiedlichsten Definitionen und Beschreibungen zu finden.[27]

Die folgende Tabelle gibt acht Dimensionen für das Verständnis von *Qualität* wieder:

---

[23] Zitat: DIN EN ISO 9000/2005, S. 23.
[24] Vgl. Weber (2006), S. 377ff.
[25] Zitat: Davenport zitiert in Cooper et al. (2007), S. 83.
[26] Vgl. Becker (2008)
[27] Vgl. Feigenbaum (1956), S.93ff; Crosby (1979); Deming (1986); Andernach (2005).

Tabelle 2: Dimensionen der Qualität nach GARVIN[28]

Dimension	Beschreibung
Performance	• legt die zentralen Leistungsmerkmale fest
Features	• besondere Merkmale des Produkts oder der Dienstleistung • sind Leistungsmerkmalen untergeordnet
Zuverlässigkeit	• Wahrscheinlichkeit des Produktversagens
Konformität	• Inwieweit entspricht das Produkt den festgelegten Standards und Spezifikationen?
Lebensdauer	• beinhaltet eine technische und ökonomische Komponente
Gebrauchsfähigkeit	• Leistungsaspekte und Serviceaspekte (Reparaturfreundlichkeit)
Ästhetik	• subjektive Dimension (Aussehen, Geruch …)
Wahrgenommene Qualität	• erfüllte Erwartung des Kunden

Diese Dimensionen beziehen sich auf Produkte, sind aber gleichermaßen auf Dienstleistungen, Software, Hardware und verfahrenstechnische Produkte anwendbar.[29] Die DIN EN ISO 9000/2005 verwendet für den Begriff *Qualität* die folgende Definition: „*Grad, in dem ein Satz inhärenter Merkmale Anforderungen erfüllt.*"[30]*Anforderung* ist in dieser Definition als „*Erfordernis oder Erwartung, das oder die festgelegt, üblicherweise vorausgesetzt oder verpflichtend ist*", und *Merkmal* als „*kennzeichnende Eigenschaft*" definiert. *Inhärent* bedeutet im Gegensatz zu „*zugeordnet*" „*einer Einheit innewohnend*", insbesondere als „*ständiges Merkmal.*"[31] Weber ersetzt in seiner sehr ähnlichen Definition die Erfüllung von Anforderungen durch die „*Eignung zur Erfüllung von Erfordernissen.*"[32] Aus den Definitionen der beiden Begriffe lässt sich für die *Prozessqualität* die folgende Definition ableiten: *Prozessqualität* ist der Grad, in dem ein Prozess und die aus im resultierenden Ergebnisse die an sie gestellten Anforderungen (Erfordernisse oder Erwartungen) erfüllen. Der Begriff *Prozess* bezieht sich dabei auf strukturierte Aktivitäten, die zum Erstellen des Ergebnisses notwendig sind. Als Ergebnisse werden Vorprodukte für die weitere Verarbeitung als auch Endprodukte für die Lieferung an den Kunden verstanden.[33]

---

[28] Eigene Darstellung in Anlehnung an Garvin (1987), S. 101-109.
[29] Vgl. DIN EN ISO 9000:2000 S. 23f., Abschnitt 3.4.2.
[30] Zitat: DIN EN ISO 9000/2005, S. 18.
[31] Zitat: DIN EN ISO 9000/2005. S. 18 Abschnitt (3.1.1) speziell *Merkmal* (3.5.1) und *Anforderungen* (3.1.2).
[32] Zitat: Weber (2006), S. 377.
[33] In Anlehnung an DIN EN ISO 9000/2005, S. 18 (*Qualität*) und S. 23 (*Prozess*).

2.3. Kennzahlen und Kennzahlensysteme

Kennzahlen sind Messgrößen, die Sachverhalte in konzentrierter und quantitativer Form abbilden können. Ihr Informationscharakter und die spezifische Form der Information zeichnen die Kennzahlen aus. Hinsichtlich ihrer Aussagekraft werden die einzelnen Kennzahlen stark eingeschränkt. Wenn sie jedoch mit anderen voneinander abhängigen oder ergänzenden Kennzahlen in Relation gesetzt oder zu einem System zusammengefügt werden, kann die Aussagekraft der Kennzahlen deutlich gesteigert werden.[34] Eine ausführlichere Erläuterung der Begriffe ist im Kapitel 4 zu finden.

2.4. Performance

Der Begriff *Performance* wird in den verschiedensten Kontexten verwendet; über seine genaue Definition wird seit geraumer Zeit diskutiert. Neely et al. (1995) bemerken dazu: *"Performance measurement is a topic which is often discussed but rarely defined."*[35]

Tabelle 3: Beschreibungen/Definition des Begriffs *Performance*[36]

Kontext	Definition/Beschreibung	Autor
Forschung und Entwicklung / Organisationslehre	Effectiveness (i.e. measuring output to determine if they help accomplish objectives) Efficiency (i.e. measuring resources to determine whether minimum amounts are used in the production of these outputs)	**Cordero (1989)**
Betriebswirtschaft	Performance is about deploying and managing well the components of the causal model that lead to the timely attainment of stated objectives within constraints specific to the firm and to the situation.	**Lebas (1995)**
Grundlagen	The level to which a goal is attained.	**Dwight (1999)**
Organisationslehre	Unter Performance/Leistung wird der bewertete Beitrag zum Erreichen der Ziele einer Organisation verstanden. Dieser Beitrag kann von Individuen und Gruppen von Mitarbeitern innerhalb der Organisation sowie von externen Gruppen (z.B. Lieferanten) erbracht werden.	**Hoffmann (1999)**

Trotz unterschiedlichster Definitionen, Beschreibungen und Verwendungen herrscht in der Literatur kontextübergreifend dahingehend nahezu Einigkeit darüber, dass sich der Begriff Performance allgemein als Leistungsgrad bzw. Grad der Zielerreichung verstehen und durch

---

[34] Vgl. Andernach (2005), S. 12; George (1998), S. 29f; Reichmann (1995), S. 15-19.
[35] Zitat: Neely et al.(1995) in Wettstein (2002), S. 16.
[36] Eigene Darstellung in Anlehnung an Wettstein (2002), S. 16f.

Indikatoren wie Effizienz als auch Effektivität beschreiben lässt.[37] Im Rahmen dieser Arbeit wird folglich der Begriff *Performance* als Grad der Effizienz und der Effektivität verstanden.

2.5. Projekt und Projektabwicklung

2.5.1. Projekt

Der gemeinsame Konsens in der Definition des Begriffs *Projekt* liegt in der vorliegenden Literatur in der Einmaligkeit oder Einzigartigkeit des Vorhabens, der klaren Aufgaben- und Zielstellung sowie dem festgelegten Zeitrahmen.[38] Das PMBOK definiert den Begriff als:

> *„[...]zeitlich begrenztes Vorhaben, zur Schaffung eines einmaligen Produktes, einer Dienstleistung oder eines Ergebnisses.“[39]*

Dabei unterläuft das *Projekt* verschiedene Projektphasen, die sich grob in Definition, Durchführung und Ausführung gliedern lassen und ist durch einen festgelegten Start und Endpunkt bestimmt.[40] DIN EN ISO 9000/2005 definiert den Begriff *Projekt* folgendermaßen:

> *„Einmaliger Prozess, der aus einem Satz von abgestimmten und gelenkten Tätigkeiten mit Anfangs- und Endterminen besteht und durchgeführt wird, um unter Berücksichtigung von Zwängen bezüglich Zeit, Kosten und Ressourcen ein Ziel zu erreichen, das spezifische Anforderungen erfüllt.“[41]*

In der DIN 69901 sind Parallelen hinsichtlich der Definition des Begriffs *Projekt* zu finden:

> *„Vorhaben, das im Wesentlichen durch die Einmaligkeit der Bedingungen in ihrer Gesamtheit gekennzeichnet ist, wie z.B. Zielvorgabe, zeitliche, finanzielle, personelle und andere Begrenzungen; Abgrenzung gegenüber anderen Vorhaben; projektspezifische Organisation.“[42]*

Eine Besonderheit des Großanlagenbaus muss im Rahmen der Definition berücksichtigt werden. Die finanziellen und zeitlichen Zielvorgaben unterliegen durch Änderungsanträge, Änderungsansprüchen sowie -forderungen, den sogenannten Change Orders und Claims, regelmäßigen und in der Praxis üblichen Anpassungen, die sich von Beginn des Projektes über die gesamte Projektdauer durchziehen.[43] Während im Rahmen der Change Order die Projektziele oder Zielvorgaben im beiderseitigen Einvernehmen der Vertragsparteien

---

[37] Vgl. Wettstein (2002), S. 17.
[38] Vgl. DIN EN ISO 9000/2005, S. 5f; PMBOK (2008), S. 5f; Weber(2006), S. 377f; George (1998), S.9.
[39] Zitat: PMBOK (2008), S. 5.
[40] Vgl. PMBOK (2008), S. 5f.
[41] Zitat: DIN EN ISO 9000/2005, S. 25.
Anmerkung: *Prozess* und *Anforderungen* wurden im Zusammenhang mit dem Begriff Qualität (S.9f) definiert
[42] DIN 69901, zitiert nach: Schelle (1989), S. 4.
[43] Vgl. Müller (2008), S. 28f.

angepasst werden, dienen Claims dazu, die Änderungs- oder Anpassungsansprüche einzelner Vertragsparteien gegenüber den anderen Vertragspartnern durchzusetzen.[44]

2.5.2. Projektabwicklung

Unter dem Begriff *Projektabwicklung* ist die Entwicklung und Durchführung eines Projekts zu verstehen. Dabei bezieht sich dies auf den gesamten Projektverlauf. Entsprechend der unterschiedlichen Phasen des Projektes setzt sich auch die Projektabwicklung aus verschiedenen, aufeinander aufbauenden Phasen oder Teilprozessen zusammen. Die Unterteilungen der einzelnen Projektphasen sind sehr unterschiedlich, grundsätzlich sind jedoch alle an den strukturellen Ablauf der Projekte gebunden. Trotz der unterschiedlichsten Unterteilungen der Projekte ist der Verlauf der Projektabwicklung stets gleich, beginnend mit einer Anbahnungsphase über die Planungs- und Entwicklungsphase, die Durchführung und Abwicklung bis hin zum Ende in Form der Inbetriebnahme bzw. Übergabe. [45]

2.5.3. Das „Magische Dreieck" des Projektmanagements

Die besondere Herausforderung in der effektiven und effizienten Zielerreichung liegt in den Wechselwirkungen und der Korrelation zwischen den drei Dimensionen Leistung/Qualität (des Produkts), Kosten und Zeit/Termine.[46] Die Qualität des Prozesses der Projektdurchführung bestimmt sich aus einer möglichst optimalen Erreichung der Zielwerte der drei Dimensionen, wobei die Dimensionen Kosten und Zeit im Sinne einer hohen Qualität einen minimalen und die Leistung/Qualität einem maximalen Zielwert entgegen streben.

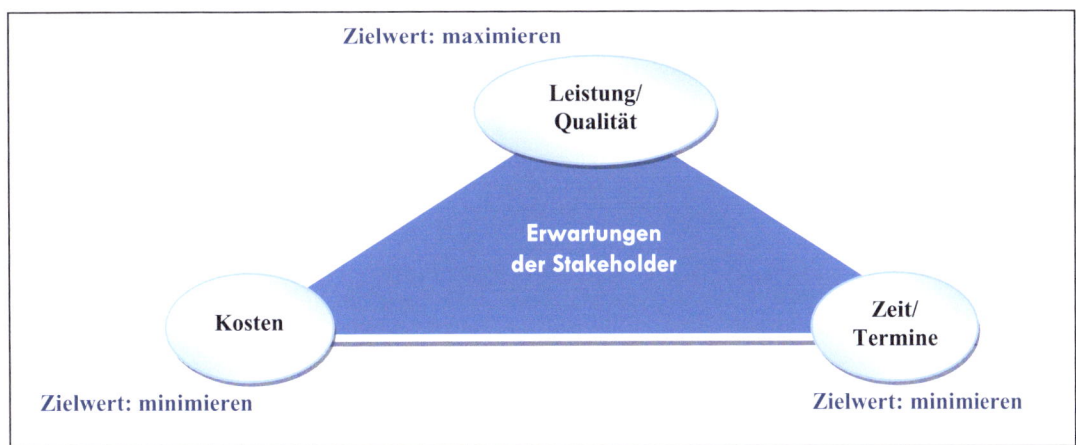

Abbildung 4: Das „Magische Dreieck" des Projektmanagements[47]

---

[44] Vgl. Müller (2008) S. 35ff.
[45] Vgl. George (1998), S. 17f.
[46] Vgl. George (1998), S. 20f.
[47] Eigene Darstellung in Anlehnung an www.pmqs.de

Bei der Erreichung der einzelnen Zielwerte beeinflussen die jeweiligen Dimensionen die entsprechend anderen Dimensionen hinsichtlich der Erreichung ihrer Zielwerte. So folgen zum Beispiel aus dem Streben nach einer möglichst geringen Projektdauer eine Erhöhung der Projektkosten und/oder eine Verringerung der Leistung/Qualität.[48] Abbildung 4 verdeutlicht diesen Zusammenhang.

Die grundsätzliche Problematik besteht darin, dass für eine erfolgreiche Projektabwicklung ein ausgewogener Kompromiss in der Erreichung der einzelnen drei Hauptziele zu suchen ist. Die Fokussierung auf ein einzelnes Ziel führt unweigerlich dazu, dass die beiden vernachlässigten Ziele aus dem geplanten Rahmen fallen.

Die Betrachtung und Optimierung der Prozessqualität erfordert entsprechend diesem Verständnis eine durchgehende Berücksichtigung aller drei Dimensionen der Projektdurchführung.

---

[48] Vgl. George (1998), S. 21; www.pmqs.de

3. Aufgabenstellung Ferrostaal AG

3.1. Die Ferrostaal AG

3.1.1. Das Unternehmen

Die Ferrostaal AG ist weltweit als Industriedienstleister im Anlagen- und Maschinenbau tätig. Ihre Kernkompetenzen sind dabei auf die Projektentwicklung und das Projektmanagement im Großanlagenbau konzentriert. Der Fokus der Geschäftstätigkeit liegt auf Projekten zur Planung, Entwicklung und Errichtung von petrochemischen Anlagen, Kraftwerken (Gas und Dampf, Solarthermie), Anlagen im Umfeld der Öl- und Gasgewinnung und Anlagen im Bereich Renewables (z.B. Biodiesel). Dabei ist die Ferrostaal AG mit ihren rund 5.000 Mitarbeitern in mehr als 40 Ländern aktiv. Ihre fokussierten Kernmärkte sind die wachstumsstarken und aufstrebenden Regionen Zentral- und Südamerika, Osteuropa, die MENA-Staaten und Südostasien. Dort kann die Ferrostaal AG neben ihren Fähigkeiten im Projektmanagement auch durch ihre zum Teil jahrzehntelange Erfahrung zu einer erfolgreichen Projektabwicklung beitragen.[49]

3.1.2. Die Prozesse

Die Prozesse der Ferrostaal AG sind entlang der aufeinander aufbauenden Phasen der Projektentwicklung und -durchführung ausgerichtet. Die einzelnen Prozesse lassen sich in Führungs-, Kern- und Unterstützungsprozesse untergliedern.

Die Führungsprozesse dienen dem Leiten und Lenken des Unternehmens. Sie beinhalten die Entwicklung sowie die Festlegung und Überwachung von Strategien und Strukturen, das Management und die Leitlinien für die Geschäftsaktivitäten. Die Führungsprozesse sind in von ihrer Natur her projektunabhängig. Die Kernprozesse spiegeln die Wert schöpfenden Tätigkeiten der Ferrostaal AG wider. Diese vereinen die stark vernetzten und aufeinander aufbauenden Arbeitsschritte in einer stringenten Ausrichtung entlang der verschiedenen Phasen der Projektbearbeitung.[50] Die Unterstützungsprozesse gewährleisten und unterstützen den reibungslosen Ablauf der Kernprozesse. Sie sichern einerseits den generellen Ablauf der unternehmensspezifischen projektunabhängigen Prozesse, unterstützen aber auch projektspezifisch.[51]

---

[49] Vgl. www.ferrostaal.com
[50] Vgl. Ferrostaal (2011), S. 10.
[51] Vgl. Ferrostaal (2011), S. 12.

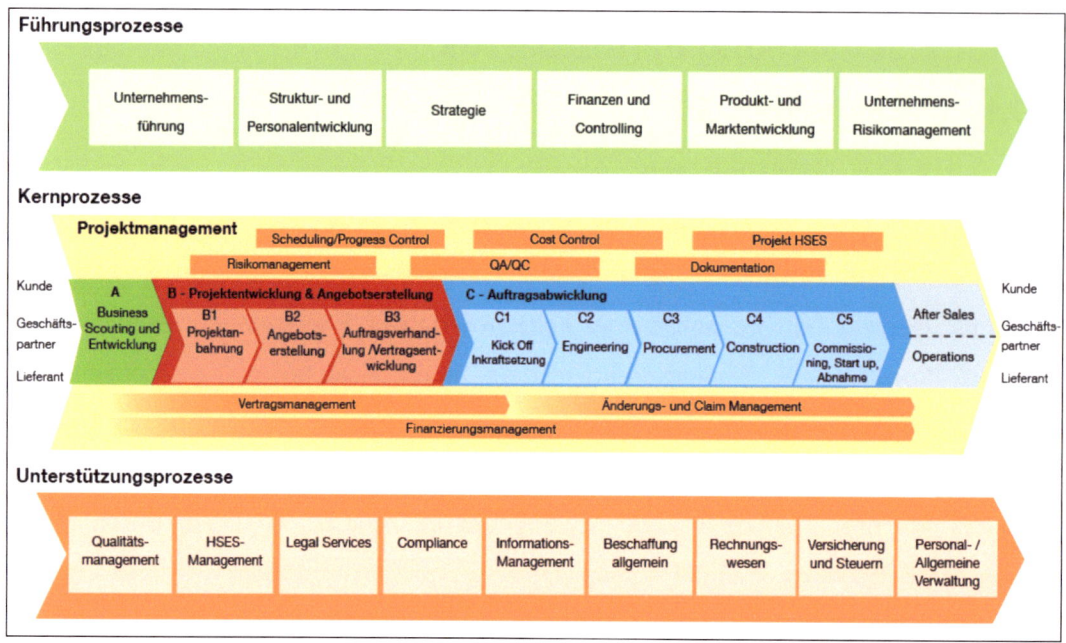

Abbildung 5: Prozessabbildung der Ferrostaal AG[52]

Die Projektbearbeitung beginnt mit der Phase der Projektanbahnung (B1), da sich die vorhergehende Phase A einzig und allein mit der Projektentwicklung und -auswahl befasst. Im Rahmen dieses Teilprozesses findet die Entwicklung oder Sichtung (bei Tenderanfragen) und die anschließende Selektion der Projekte statt. Dafür werden einerseits die grundlegenden Informationen über das Projekt bereitgestellt und zum anderen mittels Matrixanalysen *Go/Get-* sowie *Risk/Benefit*-Analysen durchgeführt. In der *Go/Get*-Analyse wird die Wahrscheinlichkeit betrachtet, dass der Kunde das potenzielle Projekt verwirklicht und die Ferrostaal AG den Zuschlag erhält. In der *Risk/Benefit*-Analyse werden das Projektrisiko sowie die Vorteile, die sich durch das Projekt erzielen lassen (monetär, Markteintritt etc.), betrachtet und somit eine Bewertung hinsichtlich der Attraktivität des Projektes vorgenommen. Im Anschluss an den *Proposal Check 1* (auch *Bid/ No Bid*) werden die freigegebenen Projekte an den Angebotsleiter übergeben und von diesem weiter bearbeitet. Im späteren *Proposal Check 2* bilden die Projekte den *Project Execution Plan*, der überprüft, gegebenenfalls freigegeben und an die Angebotserstellung übergeben wird.

Im nächsten Schritt, der Angebotserstellung (B2), werden bereits potenzielle Kooperationspartner und Lieferanten mit einbezogen, um unter Berücksichtigung der Kundenanforderungen ein umfassendes und verbindliches Angebot erstellen zu können. Dieses Angebot wird vor der Übergabe an den Kunden im *Proposal Check 3* noch einmal umfänglich geprüft und von den zuständigen Gremien freigegeben.

---

[52] Vgl. Ferrostaal (2011), S. 10.

Ziel des Teilprozesses Auftragsverhandlung und Vertragsentwicklung (B3) ist der Vertragsabschluss zwischen dem Kunden und Ferrostaal. Wichtige Bestandteile dieses Teilprozesses sind die klare Definition des Lieferumfangs und die Eindämmung von Risiken aus dem Vertrag sowie die Freigabe zur Vertragsunterschrift (*Final Contract Approval*). Für den Fall, dass ein Angebot nicht zum Tragen kommt, werden die Gründe und Ursachen in einer *Lost-Bid*-Analyse betrachtet.

Mit der Inkraftsetzung und dem Kick Off (C1) wird die operative Projektabwicklung vorbereitet und damit die Phase C eingeleitet. Ab diesem Zeitpunkt geht die Verantwortung vom Sales Manager auf den Projektleiter über. Aufbauend auf dem *Project Execution Plan* (PEP) aus der Angebotsphase wird das endgültig Vorgehen zur Projektabwicklung in Form des *Project Execution Manuals* (PEM) festgelegt. Verzögert sich der vertragliche Projektstart, werden erste Vorarbeiten häufig mittels *Early Works Agreements* freigegeben, insbesondere das Engineering für Bauteile mit langen Lieferzeiten (long lead items). Sind alle Vertragsvoraussetzungen erfüllt, wird das Projekt eingebucht und offiziell gestartet; jetzt beginnt auch die vereinbarte Vertragslaufzeit. In internen und externen Kick-Off Meetings werden die Projektstrukturen (Organisation, Berichtswege, Zusammenarbeit etc.) festgelegt.

Angesichts immer engerer Zeitvorgaben muss ein *EPC-Contractor* die drei Phasen **Engineering**, **Procurement** und **Construction** teilweise parallel bearbeiten. Im Verlauf des *Engineering* (C2) werden die mit dem Kunden vertraglich vereinbarten, vorgeplanten Anlagen detailliert ausgelegt und die Vorgaben für Procurement und Construction mit dem anschließenden *Commissioning* gemacht. Die strenge Einhaltung der Vorgaben des PEM, insbesondere hinsichtlich Qualitätssicherung und -kontrolle, Dokumentenmanagement, Termin- und Kostenkontrolle sowie Risiko- und Claims Management, spielt eine entscheidende Rolle. Das *Procurement* (C3) besteht aus den Phasen Einkauf, *Expediting* (aktive Verfolgung der Liefertermine) und *Inspection* (Vor-Ort-Kontrolle der Fertigungsqualität) sowie der Verfrachtung bis ins Lager auf der Baustelle. Dabei kommt der Lieferantenbewertung und -auswahl eine besondere Bedeutung zu.

In den Teilprozessen *Construction* (C4) und *Commissioning* (C5) übernimmt der Baustellenleiter die Verantwortung für alle lokalen Aktivitäten, gesamtverantwortlich bleibt der Projektleiter. Der Prozess beginnt mit der Mobilisierung der Baustelle und umfasst die Führung der Baustelle, die Überwachung der Civil Works (Boden, Fundamente) und der Montagetätigkeiten, die regelmäßige Berichterstattung, die Inbetriebnahme der Anlage im *Cold* und *Hot Commissioning*, die Übergabe an den Kunden und die Demobilisierung.

Erreichte Meilensteine werden durch den Kunden abgenommen. Die wichtigsten sind die *Mechanical Completion* (MC), die *Provisional Acceptance* (PAC), mit der die Garantiephase beginnt, und die *Final Acceptance* (FAC); diese werden durch entsprechende Zertifikate des Kunden bescheinigt. Ihm wird die *As-Built*-Dokumentation übergeben.

3.1.3. Die Projektrisiken

Im Rahmen der Projekte tritt Ferrostaal in der Regel als Generalunternehmer (*General Contractor*) auf und übernimmt das gesamte Projektmanagement inklusive der Planung und Kontrolle; ausführende Tätigkeiten und Aufgaben werden großteils an Subunternehmen oder Konsortialpartner vergeben. Eine gängige Form der Projektabwicklung im Großanlagenbau sind *Lump-Sum-Turnkeys,* in denen der General Contractor vermehrt das Kostenrisiko trägt.

Die vereinbarten Projektvorgaben unterliegen den üblichen Änderungen und Anpassungen durch *Change Orders* und *Claims.* Diese Besonderheiten des Großanlagenbaus können zu gravierenden Änderungen des Fertigstellungstermins und der Kosten führen. Zu diesen projektinternen Einflüssen gesellen sich, bedingt durch den Umfang des Projekts und die Zahl der betroffenen Stakeholder, eine Vielzahl weiterer Einfluss- und Störgrößen. Faktoren wie der hohe Anteil an Fremdleistungen oder das internationale Handlungsfeld erhöhen das Projektrisiko. Um diesem Einfluss mit Fokus auf dem Projekterfolg entgegenzuwirken, ist ein umfassendes Qualitätsmanagementsystem und Risikomanagement erforderlich.

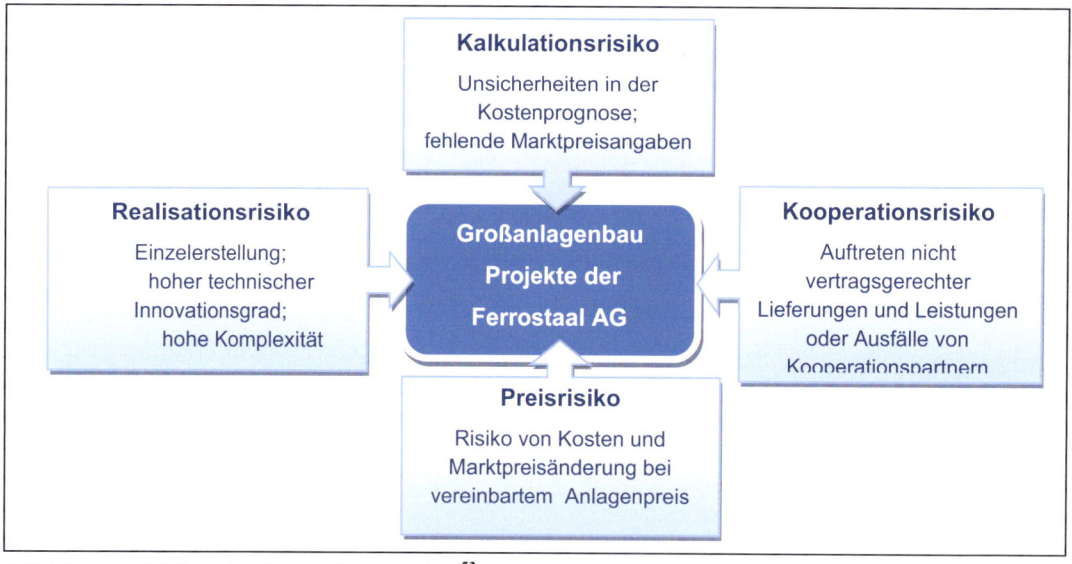

Abbildung 6: Risikoarten im Großanlagenbau[53]

---

[53] In Anlehnung Gleich et al. (2005), S. 184.

3.2. Qualitätsmanagement der Ferrostaal AG

Im PMBOK (1996) werden die Anforderungen und die Bedeutung des Qualitätsmanagements im Projektmanagement in Anlehnung an die DIN EN ISO 9000 im Rahmen der ISO 10006 wie folgt beschrieben:

> *"Project quality management must address both the management of the project and the product of the project. Failure to meet quality requirements in either dimension can have serious negative consequences for any or all of the project stakeholders."*[54]

Das Qualitätsmanagement der Ferrostaal AG gliedert sich entsprechend in einen administrativen und einen operativen Teil. Der administrative Teil des Qualitätsmanagements schafft mittels klar definierter Verfahrensanweisungen, Arbeitsanweisungen und Spezifikationen einen einheitlichen Rahmen für eine strukturierte Projektabwicklung sowie einen transparenten und stabilen Prozessablauf. Diese Anweisungen sind unter anderem in den AKV (Aufgaben, Kompetenzen, Verantwortung – die Definition der Projektrollen) festgehalten, für jeden Mitarbeiter im Datenbanksystem *pacer* einsehbar und für alle verbindlich. Sie unterliegen einer ständigen Überarbeitung im Sinne der kontinuierlichen Verbesserung und der Anpassung an die Veränderungen der Geschäftsprozesse.

Der operative Teil des Qualitätsmanagements nimmt die Aufgaben der Qualitätskontrolle und Qualitätssicherung (*QA/QC*) im Projekt wahr. Dabei erstreckt sich das Aufgabenfeld über die gesamte Projektdauer, von der Projektentwicklung über das Engineering, die Beschaffung und die Projektdurchführung bis hin zur Vor und Endabnahme durch den Kunden. Die Qualitätssicherung und die Qualitätskontrolle gewährleisten, dass die Anforderungen der Kunden an die Qualität und Leistung der Produkte und Dienstleistungen erfüllt werden. Um den wachsenden Anforderungen gerecht zu werden, unterliegt das *QA/QC* ebenso wie das administrative Qualitätsmanagement einem kontinuierlichen Verbesserungsprozess.[55]

---

[54] Zitat: PMBOK (1996), S. 83.
[55] Vgl. Ferrostaal (2011), S. 20ff.

3.3. Kennzahlen der Ferrostaal AG

Die Ferrostaal AG nutzt bereits verschiedene Kennzahlen und Kennzahlensysteme, die der Unternehmensführung und -steuerung dienen. Dazu können die im Controlling gewonnenen Finanzkennzahlensysteme ebenso wie die Kennzahlensysteme des Personalwesens gezählt werden. Im Projektgeschäft werden neben dem Projektcontrolling mit seinen monetären Fokus auch die sogenannten *Project-Status-Reports* (PSR) geführt. Hierbei handelt es sich um ein Kennzahlen- und Informationssystem, in dem projektspezifische Informationen aufgearbeitet werden.

Für jedes Projekt mit einem Volumen von über 10 Millionen Euro oder mit besonderen Risiken werden in den monatlichen *Project-Status-Reports* die wichtigsten Informationen über den Fortschritt der Projektabwicklung wiedergegeben. Sie dienen der Fortschritts- und Erfolgskontrolle des Projekts. Dem *Project-Status-Report* lassen sich die folgenden Kennzahlen entnehmen:

- *geplante Projektkosten und Terminsituation*
- *geplante und verbrauchte Mannstunden*
- *Cash Flow (Ist und geplant), Liquidität*
- *aktuelle Kosten / geplante Kosten*
- *Entwicklung des Deckungsbeitrag II*
- *Terminsituation in Bezug auf die Meilensteine*
- *Risikoverlauf, Bestand der Contingencies (Risikovorsorgen)*
- *Projektfortschritt in Abhängigkeit der diversen Gewerke*
- *interne und externe Änderungsanträge (Internal and External Change Orders)*
- *angepasstes Projektvolumen*
- *Kundenzufriedenheit.*

Die Kennzahlen des *Project-Status-Reports* sind hinsichtlich ihres Geltungsbereiches so allgemein gewählt, dass sie durchgehend für alle Phasen der operativen Projektabwicklung einen umfassenden Überblick über den jeweiligen Projektstatus wiedergeben können.

Die einzelnen Teilprozesse verfügen über spezifische Kennzahlen bzw. lassen sich mit spezifischen Kennzahlen hinsichtlich ihrer Performance bewerten. Bei den folgenden Kennzahlen handelt es sich um bereits vorhandene oder diskutierte Kennzahlen.

Während des gesamten Prozesses sind Dokumente zu erstellen, die mit Blick auf die Erreichung der verschiedenen Meilensteine auf die Erfüllung entsprechender Zwischenziele hin geprüft werden. Potenzielle Kennzahlen, die auf die Qualität der Planung und der Durchführungen schließen lassen, sind:

- *Anzahl/Anteil der Non-Conformity-Reports*
- *durchschnittliche Zahl der Durchläufe bis zur Genehmigung der Angebote*
- *Vollständigkeit der Unterlagen*

Mit Blick auf die Qualität der Projektabwicklung lassen sich unter anderem folgende Kennzahlen erheben:

- *Bid/No Bid* (Anzahl der durchgeführten Projektvorschläge)
- *Anzahl der Reklamationen / Reklamationsquote*
- *Mitarbeiterfluktuation*
- *Anzahl Überstunden*
- *Erreichung der jährlich festgelegten Ziele*

Die Zeit und Termineinhaltung ist ein entscheidender Faktor im Projektgeschäft. Sie lässt sich auf verschiedenste Art und Weise erheben:

- *Projektdauer, Planungsdauer*
- *Dauer zwischen den Proposal Checks / Dauer bis zur Angebotsabgabe*
- *Termintreue*
- *Veränderung der Projektdauer durch Claims/Change Order*

Neben der Zeit und der Qualität sind die Kosten und Finanzen ein weiteres bedeutendes Element:

- *Projektkosten/-gewinn*
- *Angebotskosten*
- *Veränderung der Projektkosten durch Claims/Change Order*
- *Angebotskosten*
- *Cash Flow*

Eine ausführliche Auflistung der potenziellen Kennzahlen ist im Kapitel 5.1.2. und im Anhang zu finden.

3.4. Einführung in die Aufgabenstellung

Kennzahlen sind ein essenzielles Instrument, um Prozesse lenken zu können. Die Kennzahlen quantifizieren den jeweiligen In- und Output der einzelnen Prozesse und Teilprozesse und können somit dabei helfen, ihn steuerbar zu machen.[56] Im Produktgeschäft gestaltet sich eine solche Quantifizierung recht einfach – stetig gleich ablaufende Prozesse sowie einheitliche Inputs und Outputs bieten konstant erhebbare Parameter. Die kontinuierlichen Prozesse ermöglichen es, selbst sehr spezifische Kennzahlen zu erheben.

Im Großanlagenbau ist die einheitliche Quantifizierung hingegen ein deutlich komplexeres Unterfangen. Die prägnanten Unterschiede der einzelnen Projekte, unter anderem zwischen den Projektstandorten, den zeitlichen und finanziellen Projektdimensionen, den Projektstrukturen, den Anlagentypen und -technologien, den Lieferanten und Subunternehmern, aber auch die stetigen Änderungen der Projektdimensionen im Verlauf der Projektdurchführung erschweren eine einheitliche Quantifizierung der Projekte und der Projektabwicklung im Vergleich zum Produktgeschäft. Als ein deutliches Indiz dafür kann der Mangel an gängigen oder allgemeingültigen Kennzahlensystemen für den Großanlagenbau in der Literatur gewertet werden. Einzelne Marktakteure, die bereits über ein solches System verfügen, werden dieses aufgrund ihres Vorteils gegenüber dem Wettbewerb nicht publizieren.[57] Im Vergleich dazu sind Kennzahlensysteme des Produkt- und des Systemgeschäfts in der Literatur weit verbreitet.

Die Ferrostaal AG arbeitet derzeit an einem Instrument, um den Prozess der Projektabwicklung ganzheitlich quantifizieren zu können. Mittels der Quantifizierung des Prozessergebnisses der Projekte wird auch die Performance des Gesamtprozesses messbar. Ein solches Kennzahlensystem bietet somit die Möglichkeit, anhand der Performance in der Projektabwicklung Rückschlüsse auf die Entwicklung der eigenen Prozesse ziehen zu können. Einheitlich definierte sowie mess- und kontrollierbare Prozesse bilden die Grundlage für einen kontinuierlichen Verbesserungsprozess (siehe Abb.7).

---

[56] Vgl. Burkert (2008), S. 10ff (Teil B); George (1998), S. 18ff.
[57] Vgl. George (1998), S. 2ff.

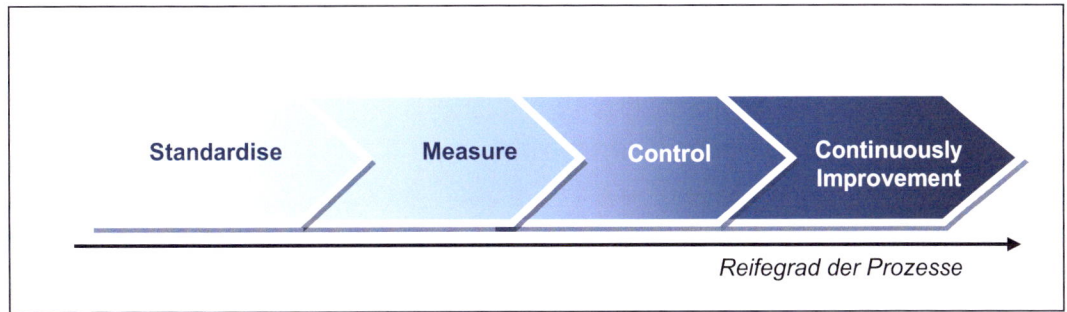

Abbildung 7: Reifegrad der Prozesse[58]

Die ideale Basis für den Aufbau dieses Kennzahlensystems bilden die bereits durch das administrative Qualitätsmanagement eindeutig definierten Prozesse und Prozessstrukturen. Einzelne Bereiche und Abteilungen verfügen bereits über spezifische Kennzahlen, um die Performance ihrer Teilprozesse ermitteln zu können. Diese Kennzahlen können jedoch nur bereichsspezifische Entwicklungen erfassen und sind hinsichtlich einer Betrachtung der Performance des Gesamtprozesses nur beschränkt einsetzbar, da sie die Wechselwirkungen zwischen den einzelnen Bereichen und Abteilungen nicht berücksichtigen.

Verschiedene Aspekte erschweren die Entwicklung eines Kennzahlensystems im Großanlagenbau. Die deutlichen Unterschiede zwischen den Projekten, aber auch die Schwankungen innerhalb der Projektabwicklung machen allgemeingültige Kennzahlen nötig, die einerseits für die verschiedensten Projekte anwendbar, andererseits leicht zu erheben und aussagekräftig sind. Die angestrebte weitreichende Gültigkeit bringt dabei einen hohen Aufwand in der Definition und Abgrenzung der Kennzahlen mit sich. Die lange Laufzeit der Projekte führt zu einer deutlichen Verzögerung hinsichtlich der Umsetzung des Kennzahlensystems und somit auch der Erfolgsmessung.

---

[58] Eigene Darstellung in Anlehnung an www.huegin.com.au

4. Grundlagen Kennzahlen und Kennzahlensysteme

4.1. Kennzahlen

4.1.1. Grundlagen der Kennzahlen

Kennzahlen und Kennzahlensysteme gewinnen in der komplexer werdenden unternehmerischen Umwelt dank ihrer Eigenschaft, Sachverhalte und Tatbestände komprimiert in quantitativer Form wiedergeben zu können, zunehmend an Bedeutung.[59] George definiert *Kennzahlen* als:

> *„Größen, die in konzentrierter Form über zahlenmäßig erfassbare relevante Tatbestände informieren."[60]*

Mit Bezug auf das Projektmanagement ist bei Motzel die folgende Definition zu finden:

> *„Maßgrößen (Verhältniszahlen oder Absolutwerte), die Sachverhalte in, über oder aus Projekten zahlenmäßig erfassen und komprimiert darstellen."[61]*

In der Praxis sowie in der Theorie werden für den Begriff *Kennzahl* weitere synonyme Begriffe und Bezeichnungen verwendet. Zu den gängigen Bezeichnungen lassen sich unter anderem die folgenden Begriffe *Kennziffer, Messzahl, Messziffer, Indikator* sowie die in der englischsprachigen Literatur verwendeten *ratios, indicators, metrics* und *key performance indicators* zählen.[62]

4.1.2. Anforderungen und Formen der Kennzahlen

Kennzahlen und Kennzahlensysteme sind ein unverzichtbares Instrument, um die verschiedensten Sachverhalte und Tatbestände quantitativ verdichtet abzubilden.[63] Besonders im Unternehmensumfeld haben sich die Kennzahlen und ihre unterschiedlichen Verwendungsformen zu einem essenziellen Instrument für die Kontrolle und Steuerung der verschiedenen Prozesse entwickelt. Dabei reicht ihr Einsatzspektrum von der Messung erbrachter Leistungen und der Betrachtung der Effizienz und Effektivität der eigenen Prozesse über die Bewertung der eigenen Performance mit Wettbewerbern bis hin zur strategischen und operativen Zielsetzung. Durch die Verdichtung der Informationen ermöglichen Kennzahlen es, selbst komplexere Sachverhalte und Zusammenhänge nachvollziehbar darzustellen.[64]

---

[59] Vgl. Burkert (2008), S. 9f; George (1998), S. 28f.
[60] Zitat: George (1998), S. 29.
[61] Zitat: Motzel (2010), S. 103.
[62] Vgl. Burkert (2008), S. 9f; George (1998), S. 28f; Scheermesser (2002), S. 26.
[63] Vgl. Dellmann (2002), S. 2916.
[64] Vgl. Weber (2002), S. 23f; George (1998), S. 28ff.

Die Kennzahlen finden aufgrund ihrer heterogen ausgeprägten Eigenschaften Anwendung in sehr unterschiedlichen Aufgabenfeldern. Sie unterliegen neben den spezifischen Anforderungen auch ganz grundlegenden Kriterien. In der Literatur sind die folgenden Grundvorrausetzungen für Kennzahlen zu finden:

- *Validität/Objektivität* bezeichnet den Umstand, dass die Kennzahl den betrachteten Sachverhalt realitätsnah widerspiegeln sollte.

- *Präzision/Reproduzierbarkeit* bezieht sich auf die Wiederholbarkeit der Messung, die stets zu ein und demselben Ergebnis führen sollte.

- *Sensitivität* bedeutet, dass eine Veränderung des betrachteten Merkmals zeitnah zu einer Veränderung des Messwerts führen sollte.

- *Verständlichkeit/ Tangibilität* ist ein zwingendes Kriterium für die Akzeptanz der Kennzahl. Relationen zwischen den Kennzahlen müssen ersichtlich und die erhobenen Messwerte sollten realitätsnah und nachvollziehbar sein.

- *Einflussmöglichkeit* impliziert für die sinnvolle Anwendung, dass die beobachteten Merkmale vom Anwender direkt oder indirekt steuer- oder beeinflussbar sind.

- *Messbarkeit* verlangt im Sinne der *Präzision* und *Objektivität* eine nachvollziehbare und reproduzierbare Messung.[65]

Kennzahlen lassen sich entsprechend ihrer Verwendung und den jeweiligen Anforderungen nach sehr unterschiedlichen Kriterien klassifizieren. Engroff differenziert die Kennzahlen entsprechend der Motivation der Unternehmen, diese zu erheben.[66] Hierfür unterscheidet er zwischen „zwingenden" Kennzahlen und „freiwilligen" Kennzahlen. Zu den „zwingenden" Kennzahlen werden hierbei Zahlen und Werte gezählt, deren Erhebung für die Unternehmen gesetzlich vorgeschrieben ist, wie zum Beispiel Fremdkapital, Gewinn und andere bilanzspezifische Kennzahlen (vgl. Aktiengesetz). Der Begriff „freiwillige" Kennzahlen bezieht sich auf Messgrößen, die das Unternehmen im eigenen Ermessen erhebt, um unter anderem die eigenen Prozesse quantifizieren und verbessern zu können.[67]

In der folgenden Tabelle ist eine umfassende Auflistung weiterer Klassifizierungsvarianten abgebildet.

---

[65]Vgl. Andernach (2005), S. 12f.
[66] Vgl. Engroff (2005), S. 16.
[67] Vgl. Engroff (2005), S. 16.

Tabelle 4: Kennzahlenklassifizierung[68]

Gliederungs-kriterium	Arten der Kennzahlen			
Kennzahlennutzer	Kennzahlen für externe Nutzer		Kennzahlen für interne Empfänger	
Erhebungsquellen	Primärquellen		Sekundärquellen	
	Interne Unterlagen	Externe Unterlagen	Interne Unterlagen	Externe Unterlagen
Ausrichtung	Monetäre Kennzahlen		Operative Kennzahlen	
Gebiet der Aussage	Unternehmensumfeld	Gesamtbetriebliche Kennzahl	Teilbetriebliche Kennzahl	
Verwendbarkeit	Standardkennzahlen		Betriebsindividuelle Kennzahl	
Planungs-gesichtspunkt	Ist-Kennzahlen	Soll-Kennzahlen		
	Vergangenheitsbezogene Kennzahlen	Gegenwartsbezogene Kennzahlen	Zukunftsbezogene Kennzahlen	
Erhebungs zeitraum	Zeitpunktbezogen		Zeitraumbezogen	
Produktions-bezogene Kennzahlen	Mensch / Termine / Kosten	Qualität	Flexibilität / Logistik / Umwelt	

Im Rahmen dieser Arbeit spielen zwei andere Unterteilungen eine besondere Rolle: zum einen die *Unterscheidung in quantitative und qualitative Kennzahlen* und zum anderen die *Einteilung in absolute Kennzahlen und Verhältniszahlen.*

Die Einteilung in qualitative und quantitative Kennzahlen orientiert sich an ihrer Erhebung. Während die quantitativen Kennzahlen metrisch skaliert erhoben werden, zielen qualitative Kennzahlen darauf ab Sachverhalte zu Quantifizieren die sich per se nicht quantitativ erfassen lassen. Dafür machen sie sich die ordinale Skalierung, eine Zuordnung in aufgestellte Klassen oder Ränge zu Nutze, die es ermöglichen quantitativ nicht messbare Merkmale in Form von Zahlen abbilden zu können.[69] Im Rahmen der Verwendung der „weichen" qualitativen Kennzahlen ist aufgrund der Zuordnung in Klassen und Ränge im Vergleich zu den quantitativen Kennzahlen ein deutlicher Informationsverlust hinzunehmen.[70] Die „harten" metrisch skalierten Werte können hingegen die entsprechenden Merkmale anhand gängiger

---

[68] Eigene Darstellung in Anlehnung an George (1998), S. 31.
[69] Vgl. Gladen (2008), S. 16ff.
[70] Vgl. Engroff (2005), S. 15f; Hirsch (2005), S. 282; Weber (2002), S. 23f .

Skalen eindeutig, genau und direkt abbilden.[71] Im Gegenzug bietet sich den qualitativen Kennzahlen durch den Verzicht hinsichtlich der Verwendung gängiger Skalen ein deutlich vielfältigeres Einsatzspektrum.

Die zweite für diese Arbeit relevante Unterscheidungsvariante ist die Einteilung in absolute und relative Messwerte. Die absoluten Zahlen werden durch Erhebung einzelner Messwerte erfasst, die in Form von Einzelwerten, Summen, Differenzen oder Mittelwerten abgebildet werden. Absolute Kennzahlen finden häufig Verwendung, um die Dimension bestimmter Sachverhalte wiederzugeben (Gewicht, Dauer, Kosten). Die Verhältniszahlen werden über Messwerte, die in Relation zu einem Bezugswert gesetzt werden, ermittelt und treten in Form von Verhältniszahlen, Beziehungszahlen oder Indexzahlen auf. Die Verhältniszahlen spiegeln den Anteil einer Teilmenge an der Gesamtmenge wider (z.B. Frauenquote). Nur die Verhältniszahlen eigenen sich für eine sinnvolle Verknüpfung mit anderen Kennzahlen.[72]

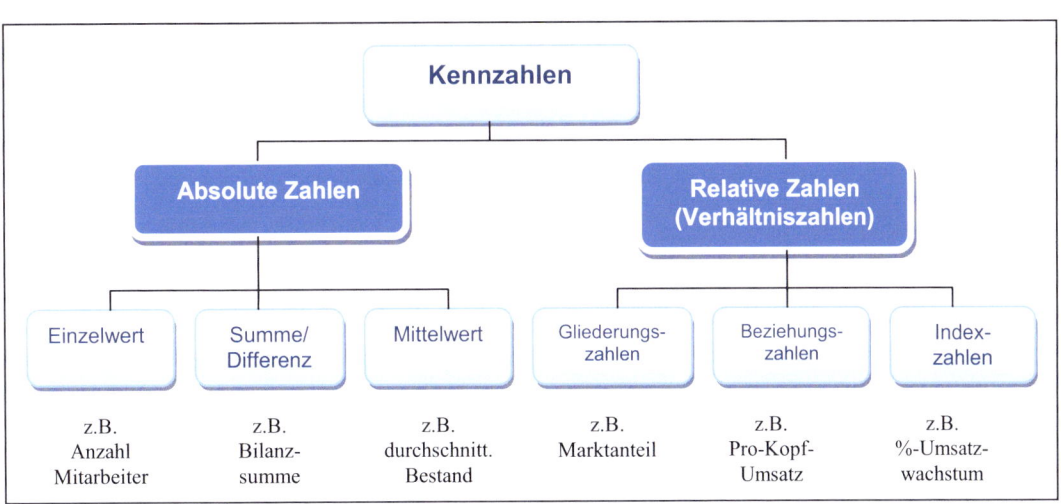

Abbildung 8: Kennzahlenarten[73]

Die Beziehungszahlen wiederum setzen zwei Kennzahlen mit unterschiedlichen Merkmalen in Bezug zueinander (z.B. km/h, Gewinn pro Jahr). Die Indexgrößen stellen einen zeitlichen Bezug zwischen ein und derselben Kennzahl her und betrachten deren Entwicklung über die Zeit, wobei eine Ursprungsgröße normiert wird (z.B. Entwicklung der Umsätze).[74]

---

[71] Vgl. Burkert (2008), S. 10 (Teil B).
[72] Vgl. Dellmann (2002), S. 2916f.
[73] Eigene Darstellung in Anlehnung an Gladen (2008), S. 17; Engroff (2005), S. 16f.
[74] Vgl. Gladen (2008), S. 16ff, George (1998), S. 29f.

Tabelle 5: Einteilung der Verhältniszahlen[75]

Unterscheidungs-kriterien	Verhältniszahlen		
	Gliederungszahlen	Beziehungszahlen	Indexzahlen
Art	gleichartig	verschiedenartig	gleichartig
Rang	verschiedenrangig	gleichrangig	gleichrangig
Zeitlicher Bezug	gleich	gleich	verschieden

Die Relation der Messwerte zu den entsprechenden Bezugsgrößen ermöglicht es den Verhältniszahlen, prognostizierte oder erbrachte Leistungen abzubilden.[76] Da im Rahmen dieser Arbeit die Performance des Projektabwicklungsprozesses betrachtet wird, empfiehlt es sich, das Hauptaugenmerk auf relative Kennzahlen zu legen.

4.1.3. Verwendung und Funktion der Kennzahlen

Aufgrund ihrer sehr heterogen ausgeprägten Merkmale lassen sich die einzelnen Kennzahlen entsprechend für die verschiedensten Verwendungszwecke einsetzen. Dabei ist zu beachten, dass die Merkmale, die für einen Verwendungszweck als notwendig erachtet werden (z.B. qualitative Erhebung), bei der Verwendung für einen anderen Zweck hinderlich sein können. In der Literatur lassen sich allein im Bereich der Unternehmen die folgenden Verwendungszwecke beobachten:

- *Kennzahlen der Betriebswirtschaft* (Gewinn, Rentabilität, Cash Flow)
- *Kennzahlen der Produktion*   (Ausschussquote, täglicher Output)
- *Kennzahlen der Prozesse*   (Prozesszyklen, Ausfallwahrscheinlichkeit)
- *Kennzahlen der Logistik*   (Lieferdauer, Lagerkosten, Transportkosten)
- *Kennzahlen der Qualität*   (Fehlerquote, Toleranzen)
- *Kennzahlen der Kunden/Lieferanten* (Kundenzufriedenheit, Lieferantenbewertung)
- *Kennzahlen des Personalwesens*   (Mitarbeiterzahl, Ausbildungsgrad)
- *Kennzahlen für Umweltbelange*   (Schadstoffausstoß, Abfallquote)
- *Kennzahlen für gesetzliche Belange* (Frauenquote, Anzahl Arbeitsunfälle)[77]

---

[75] Eigene Darstellung in Anlehnung an Reichmann (1995); George (1998) S. 33.
[76] Vgl. Andernach (2006), S. 12.
[77] Vgl. George (1998), S. 33; Hirsch (2005); Engroff (2005), S. 17f.

Die spezifischen Merkmale der Kennzahlen wirken sich maßgeblich auf deren Verwendung aus. Die Kennzahlen erfüllen im Rahmen ihrer Verwendung sehr unterschiedliche Funktionen. Die bekanntesten Funktionen sind in der folgenden Abbildung aufgelistet:

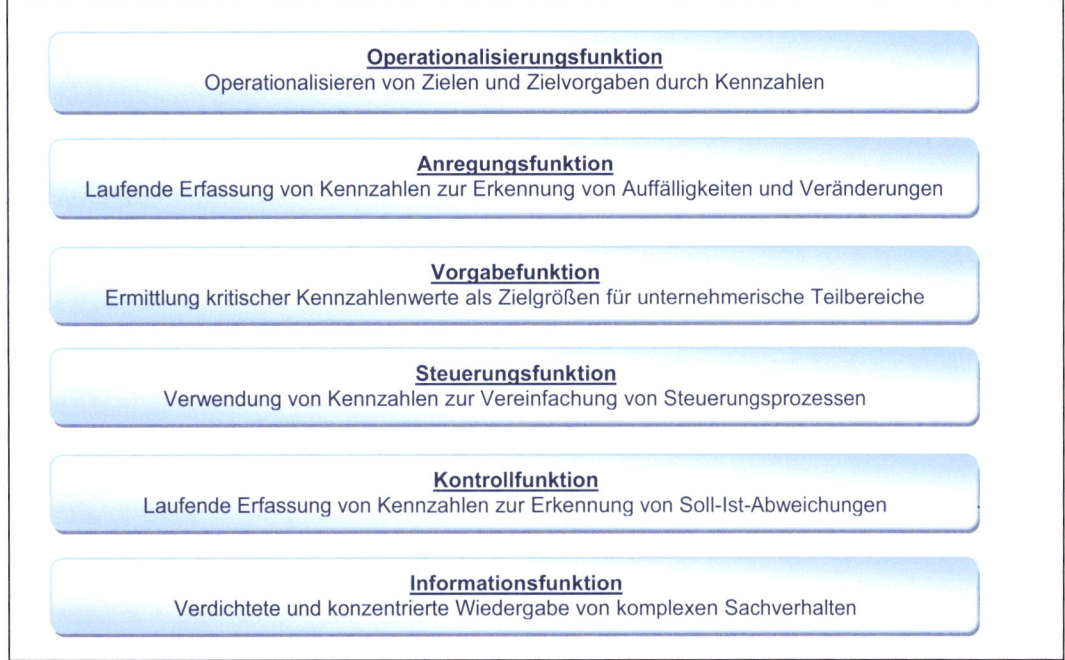

Abbildung 9: Funktionen der Kennzahlen[78]

Operationalisierungsfunktion

Die Operationalisierung von Zielen und Zielvorgaben ist ein wesentlicher Bestandteil der strategischen und operativen Planung. Die einzelnen Ziele können mittels Kennzahlen quantifiziert und somit im weiteren Verlauf auf ihre Einhaltung überprüft werden. Im Besonderen bei Leistungsvorgaben ist hier ein zeitlicher Bezugswert erforderlich, mit dem die zu erbringende Leistung definiert und operativ kontrolliert werden kann.

Anregungsfunktion

Die verdichtende und konzentrierende Eigenschaft der Kennzahlen ermöglicht es, Sachverhalte und Informationen in sehr komprimierten Daten und Werten wiederzugeben. Dadurch kann selbst in komplexen und unübersichtlichen Sachverhalten und Zusammenhängen zeitnah auf Abweichungen und Veränderungen hingewiesen werden und die entsprechenden Maßnahmen können eingeleitet werden. Die Frühindikatoren sind eine spezielle Kennzahlenklasse, die es erlaubt, aktiv oder teils sogar präventiv auf mögliche Veränderungen zu reagieren.

---

[78] In Anlehnung an Weber (2002), S. 23f; Burkert (2008), S. 9 (Teil B); George (1998), S. 29f.

Vorgabefunktion

Die normativen Eigenschaften der Kennzahlen werden genutzt, um die operationalisierten Ziele, Visionen und Strategien als operative Leitwerte einsetzen zu können. Mittels dieser Ziel- oder Leitwerte können die operativen Prozesse ausgerichtet, gesteuert und hinsichtlich ihrer Performance bewertet werden. Anhand bekannter Zusammenhänge und Relationen zwischen den Kennzahlen der verschiedenen Subprozesse lassen sich die Hauptziele als spezifische Teilziele ausdifferenzieren.[79]

Kontroll- und Steuerungsfunktion

Die Kontrollfunktion der Kennzahlen ermöglicht die Bewertung von Sachverhalten und Prozessen im Rahmen von Soll-Ist-Vergleichen. Dabei werden die Messwerte hinsichtlich der Einhaltung der geplanten bzw. prognostizierten Werte betrachtet. Für Sachverhalte und Prozesse lässt sich somit die Erreichung der Zielwerte messen. Die Steuerungsfunktion baut auf der Kontrollfunktion auf. Im Falle einer Abweichung können bei sich wiederholenden Prozessen entsprechende Maßnahmen gegen die Abweichung eingeleitet werden. Bei der Verwendung von Frühindikatoren lassen sich die Maßnahmen bereits im Prozessverlauf einleiten. Durch die Kontrolle der Prozesse hinsichtlich ihrer Zielerreichung werden diese steuerbar – entsprechende Einflussmöglichkeiten vorausgesetzt.[80]

Informationsfunktion

Sowohl einfache als auch komplexe Sachverhalte lassen sich über Kennzahlen in komprimierter und konzentrierter Form wiedergegeben. Kennzahlen konzentrieren sich bei der Quantifizierung der verschiedenen Sachverhalte auf einzelne spezifische Merkmale mit denen sie sinnvollerweise die relevanten Informationen abbilden und nicht relevante vernachlässigen sollen. Damit zielen sie darauf ab einen möglichst objektiven Überblick zu geben. Diese Eigenschaft unterstützt die Anwender dabei, objektiv angemessene und klarere Entscheidungen treffen zu können. Zum anderen können Kennzahlen dabei helfen, Schwachstellen und Potenziale zu identifizieren.[81]

---

[79] Vgl. Weber (2002), S. 187ff.
[80] Vgl. Weber (2002), S. 187ff.
[81] Vgl. Burkert (2008), S. 9ff (Teil B); George (1998), S. 29f.

4.2.   Kennzahlensysteme

4.2.1. Definition und Grundlagen

Kennzahlen und Indikatoren sind Grundbestandteile der meisten Informationssysteme. Jedoch stellt eine Auflistung dieser Messgrößen alleine noch kein funktions- und einsatzfähiges Informationssystem dar. Auf der Basis einer reinen Zahlenauflistung lassen sich keine begründeten Entscheidungen treffen.[82]

Ein Kennzahlensystem ist dem Wortlaut nach ein System aus mindestens zwei Kennzahlen, die in einem sachlogischen oder mathematischen Zusammenhang stehen.[83] Der Begriff *System* ist in der DIN EN ISO 9000/2005 definiert als ein

„Satz von in Wechselbeziehung oder Wechselwirkung stehenden Elementen".[84]

Auch bei der Abwicklung von Projekten besteht vielfach der Bedarf, nicht nur einzelne Kennzahlen zu erheben, sondern deren Beziehung zueinander zu erfassen, um den Sachverhalt adäquat abzubilden.[85] Kennzahlensysteme sind allgemein dadurch gekennzeichnet, dass sie eine Verknüpfung von Kennzahlen verschiedener Herkunft und Aggregationsebenen herstellen. Horváth definiert sie als *„geordnete Gesamtheit von Kennzahlen, die in einer Beziehung zueinander stehen und so als Gesamtheit über einen Sachverhalt vollständig informieren".*[86]

Kennzahlensysteme sollen dabei die jeweilige Sachverhalt möglichst realitätsgetreu oder realitätsnah erfassen und wiedergeben sowie je nach Anforderung die Planung, Analyse oder Steuerung und Kontrolle unterstützen. Um den spezifischen Aufgaben gerecht zu werden, sind die Kennzahlensysteme in der Literatur und Praxis recht unterschiedlich ausgeprägt.[87]

In der Praxis als auch im internationalen Sprachgebrauch wird synonym *Performance Measurement* und *Performance Measurement System* verwendet, obwohl der Verwendung dieser Begriffe kein durchgehend einheitliches Verständnis zugrunde liegt.[88] Entsprechend der Definition nach Gleich ist unter dem Begriff *Performance Measurement* der *„Aufbau und Einsatz mehrerer Kennzahlen verschiedener Dimensionen"* (z.B. Kosten, Leistung, Zeit, Kundenzufriedenheit) zu verstehen, welche zur *„Beurteilung der Effektivität und Effizienz der*

---

[82] Vgl. Horváth (2002), S. 546.
[83] Vgl Burkert (2008), S. 11f (Teil B); Gladen (2008), S. 19ff.
[84] Zitat: DIN EN ISO 9000/2005, S. 20.
[85] Vgl. George (1998), S. 46.
[86] Zitat: Horváth (2002), S. 546f.
[87] Vgl. George (1998), S. 46f.
[88] Vgl. Burkert (2008), S. 11f (Teil B).

31

Leistung und Leistungspotenziale unterschiedlicher Objekte"[89] (der sog. Leistungsebenen wie Mitarbeiter und Prozesse etc.) im Unternehmen herangezogen werden. Nach dieser Definition wird Performance Measurement als ein Planungs- und Steuerungskonzept gesehen. Abweichend dazu ist ein *Performance Measurement System* nach der Definition von Grüning

> *„ein System zur Messung und Lenkung der mehrdimensionalen, durch wechselseitige Interdependenzen gekennzeichneten, strategische und operative Aspekte integrierenden Unternehmensperformance auf Basis eines kybernetischen Prozesses mit Elementen organisationalen Lernens.*"[90]

Da sich beide Definitionen jedoch in der Fachwelt nicht durchgesetzt haben, richtet sich die vorliegende Arbeit an der Definition des Kennzahlensystems der DIN EN ISO 9000/2005 aus.[91] Die verschiedenen Verwendungszwecke der Kennzahlen lassen sich durch die Bündelung der mehrer Kennzahlen auch auf die Kennzahlensysteme anwenden. Ihnen wird ebenso eine Steuerungs- und Informationsfunktion sowie eine Abbildungs-, Planungs- und Kontrollfunktion zugewiesen (siehe Abb.7).[92] Hinsichtlich der idealen Anzahl erforderlicher Kennzahlen macht Weber die ideale Menge bei ca. 20 Kennzahlen fest, während bei Hirsch die ideale Anzahl bei sieben und nach George zwischen 12 und 15 Kennzahlen liegt.[93]

4.2.2. Anforderungen an Kennzahlensysteme

Die Anforderungen an ein Kennzahlensystem sind im Grunde recht trivial. Sullivan macht die Effizienz eines Kennzahlensystems, unter Vernachlässigung der Informationsfunktion, daran aus in wie weit es zu einer Änderung oder Anpassung im jeweiligen Prozess führt. Dabei sollten die Daten klar, eindeutig, dominant und genau sein.[94] Der effiziente Einsatz eines Kennzahlensystems bestimmt sich aus der Erfüllung und Einhaltung unterschiedlicher Faktoren.

- *Validität:* Das Kennzahlensystem ist imstande, den Sachverhalt umfassend und vollständig abzubilden. Bestehende Ursache-Wirkungs-Zusammenhänge werden aufgezeigt.
- *Zuverlässigkeit:* Das Kennzahlensystem liefert konsistente und reproduzierbare Informationen.
- *Signifikanz:* Das Kennzahlensystem liefert aussagekräftige Informationen, die in der Summe den betrachteten Sachverhalt vollständig abbilden.

---

[89] Zitat: Gleich (1997), S. 115.
[90] Zitat: Grüning (2002), S. 10.
[91] Vgl. Burkert (2008), S. 11 (Teil B).
[92] Vgl. George (1998), S. 50ff.
[93] Vgl. Weber (2002), S. 34f; Hirsch (2005), S. 286; George (1998), S. 23ff.
[94] Vgl. Sullivan et al.(2008), S. 320.

- *Übersichtlichkeit:* Das Kennzahlensystem komprimiert die Informationen angemessen für die jeweiligen Adressaten, dabei geht die Qualität der Kennzahlen ihrer Quantität vor, d.h., idealerweise werden wenige aussagekräftige Kennzahlen verwendet.
- *Individualität:* Das Kennzahlensystem ist individuell auf die Anforderungen und Bedürfnisse des Unternehmens zugeschnitten.
- *Ökonomie:* Das Kennzahlensystem findet eine optimale Balance zwischen Informationsbedarf, der notwendigen Flexibilität und dem Erhebungsaufwand. Redundante Daten werden vermieden.[95]

Ein bedeutender Verwendungszweck der Kennzahlensysteme ist es, die Unternehmensziele als Steuerungs- und Koordinationsinstrument in Form eines Zielsystems operationalisierbar zu machen. Kennzahlensysteme können dabei sowohl ein oder auch mehrere Hauptziele verfolgen, abbilden und kontrollieren. Bei mehreren Zielen sollten diese jedoch nicht vollkommen konträr sein. Wenn Kennzahlsysteme mit entsprechenden Frühwarnindikatoren ausgestattet sind, können sie auch als Frühwarnsystem fungieren. Prinzipiell hängen die Struktur und der Aufbau eines Kennzahlensystems von der entsprechenden Verwendung ab.

Kennzahlensysteme wurden mit Beginn des 20.Jahrhunderts entwickelt und eingesetzt. Das bekannteste System aus dieser Zeit ist das „DuPont-System of Financial Control" aus dem Jahre 1919. Diese anfänglichen Kennzahlensysteme konzentrierten sich vorwiegend oder ausschließlich auf monetäre Werte, da sie zum einen leicht zu erheben und zu verarbeiten waren und zum anderen im Hauptinteresse der Unternehmensführung lagen.[96] Das wachsende Verständnis für die Bedeutung nicht monetärer Werte für die Unternehmensführung kam erst ab den 1970er Jahren auf.[97] Zunehmend stieg das Bedürfnis, die Unternehmensprozesse messbar und damit auch steuerbar zumachen. Neben den quantitativen Kennzahlen wurden nun zunehmend auch qualitative Werte erfasst, um weitere, bisher nicht quantifizierbare Sachverhalte und Prozesse messen und steuern zu können. Begriffe wie Qualität oder Kundenzufriedenheit erhielten wachsende Aufmerksamkeit. Im Laufe dieser Jahre entwickelte sich ein Verständnis dafür, dass eine Fixierung auf rein monetäre Kennzahlen nur kurzfristige Ziele verfolgen kann. Die Implementierung und Umsetzung langfristiger Unternehmensstrategien erfordert jedoch ganzheitliche Kennzahlensysteme, die neben den monetären auch die nicht monetären Kennzahlen berücksichtigt.[98]

---

[95] Vgl. George (1998), S. 47; Geiß (1986), S. 119; DEPM (2005), S. 10.
[96] Vgl. Burkert (2008), S. 12ff.
[97] Vgl. George (1998), S. 50ff; Burkert (2008), S. 13ff.
[98] Vgl. Tangen (2003), S. 349ff.

4.2.3. Gliederung der Kennzahlensysteme

Ähnlich wie die einzelnen Kennzahlen lassen sich auch die Kennzahlen nach den unterschiedlichsten Gesichtspunkten systematisieren. Die gängigste Untergliederung findet anhand der systematischen Verknüpfung der Kennzahlen und Elemente statt.[99] Diese gliedert die Kennzahlensysteme in zwei Lager, die Rechensysteme und die Ordnungssysteme.[100]

Als Rechensysteme werden Kennzahlensysteme bezeichnet, die die unterschiedlichen Kennzahlen mittels Rechenoperationen (Addition, Subtraktion, Multiplikation oder Division) verknüpfen.[101] Dabei verfolgen sie einen pyramidenförmigen Aufbau, der durch die formale Beziehung zwischen den einzelnen Kennzahlen eine exakte Berechnung der Schlüsselkennzahlen an der Spitze der Pyramide ermöglicht. Rechensysteme eignen sich ideal für den Einsatz oder die Unterstützung der elektronischen Datenverarbeitung. Die formale Struktur ermöglicht es, Ursache-Wirkungs-Zusammenhänge transparent darzustellen. In ihrer idealisierten Annahme eindeutiger Ursache-Wirkungs-Zusammenhänge vernachlässigen die Rechensysteme jedoch die Multikausalitäten und dadurch die in der Praxis auftretenden Wechselwirkungen und Rückkopplungen. Rechensysteme sind begrenzt auf Sachverhalte, die sich rechnerisch erfassen lassen, und neigen zu Monozielprämissen.[102] Das zuvor erwähnte DuPont-Schema ist einer der ältesten und der bekannteste Vertreter der Rechensysteme.[103]

Ordnungssysteme bezeichnen eine Menge von Kennzahlen, die in einem sachlogischen Zusammenhang stehen. Die einzelnen Kennzahlen eines Ordnungssystems werden über einen Sachzusammenhang zu verschiedenen Gruppen zusammengefasst.[104] Diese Zusammenhänge sind nicht zwingend quantifizierbar und basieren eher auf technischen oder wirtschaftlichen Erkenntnissen und Erfahrungen sowie begründeten Annahmen. Die Kennzahlen eines Ordnungssystems stehen im Gegensatz zu den Kennzahlen eines Rechensystems in Beziehungen zueinander, die durch keine Rechenoperation darstellbar und somit nicht quantifizierbar sind.[105] Die bekanntesten Vertreter dieser Kennzahlensysteme sind die Balanced Scorecard oder das EFQM-Modell.[106]

---

[99] Vgl. George (1998), S. 47; Burkert (2008) S. 12f (Teil B).
[100] Vgl. Geiß (1986), S. 84f; George(1998) S. 48.
[101] Vgl. Horváth (2002), S. 546f.
[102] Vgl. Heinen (1972), S. 364; Drucker (1971), S. 306.
[103] Vgl. Weber (2002), S. 199f.
[104] Vgl. Geiß (1986), S. 86.
[105] Vgl. George (1998), S. 49f .
[106] Vgl. Burkert (2008), S. 18f; Wettstein (2002) S. 44ff.

Im Vergleich zu den Rechensystemen bieten Ordnungssysteme durch den Verzicht auf quantifizierbare oder mathematische Verknüpfungen zwischen den Kennzahlen einen deutlich höheren Grad an Flexibilität hinsichtlich ihrer Verwendung und Anpassung. Sie verlieren dadurch gegenüber den Rechensystemen zwar an Überschaubarkeit und Strukturiertheit, bieten jedoch die Möglichkeit, Beziehungen nach Wirkungsrichtung oder einem anderen sachlogischen Zusammenhang aufzuzeigen. Die höhere Flexibilität der Ordnungssysteme leitet sich aus ihrer Eigenschaft ab, prinzipiell jede quantifizierbare Größe mit einbeziehen zu können. Dadurch erweitert sich das Spektrum der Kennzahlen der Ordnungssysteme auch auf die Verwendung von qualitativen Kennzahlen, den ordinal skalierten Werten.[107]

Eine weiterentwickelte Form der Ordnungssysteme sind die Zielsysteme. Sie werden von einigen Autoren als dritte Kategorie angeführt. Die Zielsysteme sind hierarchisch aufgebaut und haben wie die Rechensysteme ein Oberziel. Dieses Oberziel wird in den tiefer liegenden Ebenen in Teilzeile aufgegliedert, die aber nicht notwendigerweise über quantifizierbare Beziehungen verbunden sind. Die Zusammenhänge zwischen den Kennzahlen können logischer, empirischer oder hierarchischer Natur sein. Der Fokus bei der Auswahl der Kennzahlen liegt hierbei nicht in der Vollständigkeit der Systematik, sondern in der Beschreibung eines Ziels oder Teilziels.[108]

Tabelle 6: Untergliederungsvarianten der Kennzahlensysteme[109]

Gliederungs-kriterien	Varianten der Kennzahlensystemen		
Verknüpfung der Elemente	Rechnerisch verknüpfte Kennzahlensystem (Rechensysteme)	Sachlogisch strukturierte Kennzahlensysteme (Ordnungssysteme)	Sachlogisch hierarchisch aufgebaute Kennzahlensysteme (Zielsysteme)
Ableitungs-richtung	Zerlegende Kennzahlensysteme (retrograde Kennzahlen-aufgliederung)	Zusammenfassende Kennzahlensysteme (progressive Kennzahlenverknüpfung)	
Adressat	Kennzahlensysteme zur externen Analyse	Kennzahlensysteme zur internen Analyse	
Methode der Entwicklung	Deduktiv abgeleitete Kennzahlensysteme	Induktiv abgeleitete Kennzahlensysteme	
Zeitbezug	Ist-Kennzahlensysteme (Kennzahlensysteme mit Ist-Zahlen / Kontrollsysteme)	Plan-Kennzahlensysteme (Kennzahlensysteme mit Plan-(Soll-)Zahlen / Planungssysteme)	

---

[107] Vgl. Bomm (1992), S. 44f.
[108] Vgl. Strigl (2001), S. 25ff.
[109] Eigene Darstellung in Anlehnung an George (1998), S. 47.

Bezug zur Unternehmens-hierarchie	Gesamtunternehmens-bezogene Kennzahlensysteme		Bereichsbezogene Kennzahlensysteme		Stellenbezogene Kennzahlensysteme	
Funktions-bereich	**Kennzahlensysteme für die**					
	Beschaffung	Lagerwirtschaft	Produktion	Absatz-wirtschaft	Personal-wirtschaft	Finanzwirtschaft
Statistische Form der Kennzahlen	**Kennzahlensysteme aus**					
	Verhältniszahlen		Verhältniszahlen und absoluten Zahlen		fast ausschließlich absoluten Zahlen	
Art des Sachverhaltes	**Kennzahlensysteme zur Messung von**					
	Strukturen			Prozessen		

Die Auflistung der Kategorisierungsvarianten der Kennzahlensysteme zeigt, dass es neben der systematischen Verknüpfung noch unzählige weitere Möglichkeiten gibt, die Kennzahlensysteme zu klassifizieren. Entscheidend ist dabei jeweils der Betrachtungs- bzw. Gliederungsfokus.

4.3. Bedeutende Kennzahlensysteme der Praxis

4.3.1. Finanzwirtschaftlich orientierte Kennzahlensysteme

Die finanzwirtschaftlich orientierten Kennzahlensysteme entwickelten sich als erste Form dieser Steuerungs- und Informationsinstrumente heraus. Bereits 1919 wurde das „DuPont System of Financial Control" entwickelt. [110]

Das DuPont-Schema

Bis heute zählt das DuPont-Schema zu einem der bekanntesten Kennzahlensysteme.[111] Das DuPont-Kennzahlensystem ist ein Rechensystem, das durchgehend das Ziel der Gewinnmaximierung verfolgt. Die einzelnen Kennzahlen sind durch mathematische Funktionen miteinander verknüpft und verbunden. Die Spitze der pyramidenförmigen Aufbaustruktur wird durch die Kennzahl Return on Investment (ROI) gebildet. Diese Kennzahl bildet das Verhältnis des Gewinns zum eingesetzten Kapital ab. Die schrittweise und hierarchische Aufgliederung ermöglicht einen umfassenden Überblick über die Zusammenhänge der einzelnen Kennzahlen. [112]

---

[110] Vgl. Burkert (2008), S. 13f; Wettstein (2002), S. 34ff.
[111] Vgl. Weber (2002), S. 199ff.
[112] Vgl. Burkert (2008), S. 13f, Wettstein (2002), S. 34f.

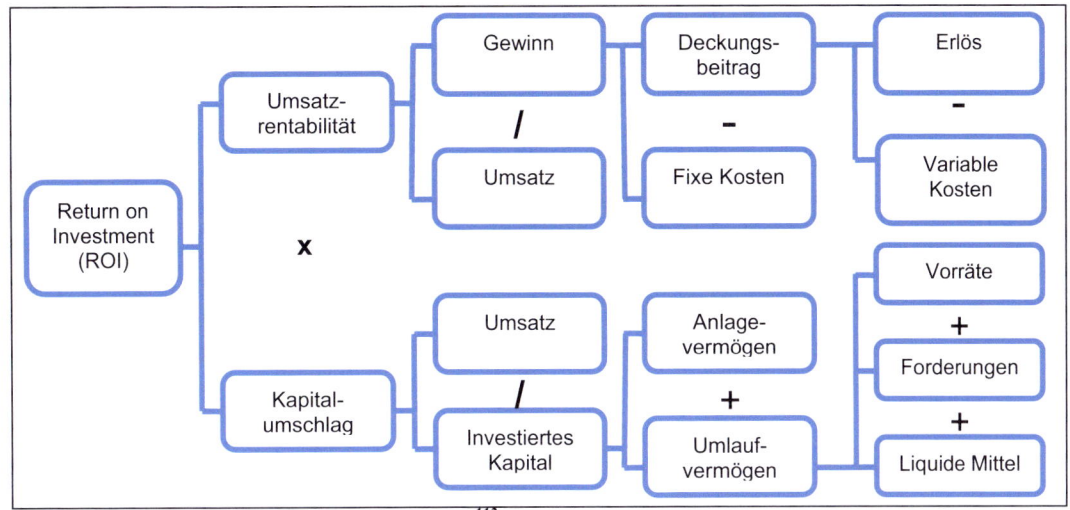
Abbildung 10: Das DuPont-Kennzahlensystem[113]

Abbildung 10 zeigt ein exemplarisches Modell des DuPont-Kennzahlensystems; die konkrete Ausgestaltung des Modells weicht von Verfasser zu Verfasser ab. Besondere Bedeutung wird dabei der Analyse- und Kontrollfunktion sowie der Planungsfunktion im Rahmen der Budgetierung zugemessen.[114] In der Praxis findet es Einsatz als Grundgerüst für Planung, Kontrolle und Analyse sowohl für das Gesamtunternehmen als auch einzelne Sparten. Für die einzelnen Kennzahlen werden Soll-Werte des aktuellen Budgets sowie die Ist-Werte der vergangenen Perioden aufgeführt, wodurch kurz- und mittelfristige Trends aufgezeigt werden können. Durch die Zerlegung der Spitzenkennzahl in die Einflussgrößen Umsatzrentabilität und Kapitalumschlag sowie deren weitere Zerlegung in die absoluten Werte aus der Bilanz und Gewinn- und Verlustrechnung wird die durchgehende Vernetzung der verschiedenen Kennzahlen und Kennzahlenebenen verdeutlicht.[115] Anhand dieser Vernetzung wird beispielsweise der Einfluss des Materialaufwandes auf den Kapitalumschlag aufgezeigt.

Das ZVEI-Kennzahlensystem

Eine Weiterentwicklung des DuPont-Kennzahlensystems findet sich in dem in Deutschland verbreiteten Kennzahlensystem des Zentralverbands Elektrotechnik- und Elektronikindustrie e.V. (ZVEI)[116] wieder.[117] Dieses Kennzahlensystem stellt eine Mischung aus Ordnungs- und Rechensystem dar und umfasst über 200 Kennzahlen, die eine tiefgehende betriebswirtschaftliche Analyse ermöglichen mit dem obersten Ziel, die Effizienz eines

---

[113] Eigene Darstellung in Anlehnung an Burkert (2008), S. 13; Wettstein (2002), S. 34.
[114] Vgl. Horváth (2002), S. 547f.
[115] Vgl. Burkert (2008), S. 13f; Wettstein (2002), S. 34f.
[116] Detaillierte Informationen und Inhalte des ZVEI-Kennzahlenssystems in Zentralverband Elektrotechnik-und Elektronikindustrie. „Betriebswirtschaftlicher Ausschuss" (1989).
[117] Vgl. Reichmann (1995), S. 29f.

Unternehmens zu ermitteln.[118] Neben der Spitzenkennzahl des ZVEI-Systems, der Eigenkapitalrentabilität (ROE), spielen weitere Rentabilitäts- und Liquiditätskennzahlen eine hervorgehobene Rolle.

Anhand des in Abbildung 11 dargestellten ZVEI-Kennzahlensystems werden die Verwendungszwecke für die Wachstums- und Strukturanalyse verdeutlicht. Die absoluten Werte aus der Unternehmensbilanz werden im Rahmen der Wachstumsanalyse hinsichtlich ihrer Veränderung über die Zeit hinweg betrachtet. Die Strukturanalyse richtet ihren Fokus auf die Risiken der zukünftigen Effizienz des Unternehmens. Dafür werden Rentabilitäts-, Liquiditäts- und Risikofaktoren betrachtet.[119]

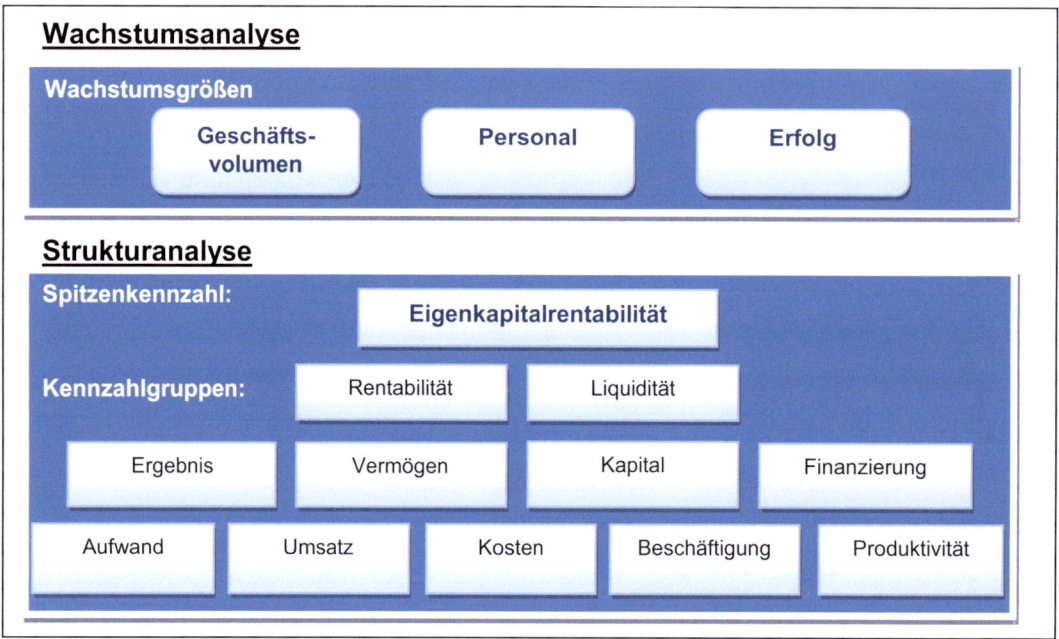

Abbildung 11: Das ZVEI-Kennzahlensystem[120]

Die Risikofaktoren werden mit Hilfe der Bestandszahlen abgebildet, während die Bewegungszahlen eines Zeitraums die Ertragskraft des Unternehmens in Form der Rentabilitätsfaktoren abbilden.[121] Neben dem ZVEI-Kennzahlensystem zählt auch das Rentabilitäts-Liquiditäts-System zu den finanzwirtschaftlichen Kennzahlensystemen.[122]

---

[118] Vgl. www.zvei.de, Burkert (2008), S. 14f.
[119] Vgl. Reichmann (1995), S. 30f.
[120] In Anlehnung an Horváth (2002), S. 550 und Burkert (2008), S. 15.
[121] Vgl. Horváth (2002), S. 550ff.
[122] Erschienen in Lachnit (1976).

4.3.2. Wertorientierte Kennzahlensysteme

Auf die finanzwirtschaftlich orientierten Kennzahlensysteme folgten in der zeitlichen Entwicklung die wertorientierten Kennzahlensysteme, bei denen sich der Fokus von einer reinen Rentabilitätsbetrachtung entfernte. Diese Kennzahlensysteme orientierten sich hauptsächlich am Unternehmenswert. Zu den bekanntesten Vertretern zählen die folgenden:

- Der Return on Capital Employed (ROCE) und der Return on Average Capital Employed (ROACE) sind Rentabilitätskennzahlen und somit verwandt mit der Gesamtkapitalrentabilität, dem ROI.

- Der Economic Value Added (EVA) berücksichtigt als Wertgröße sowohl Rentabilität als auch gewichtete Gesamtkapitalkosten.

- Der Cashflow Return on Investment (CFROI) ist eine Rentabilitätskennzahl, die Zahlungsströme anstelle der Erlöse betrachtet.

- Der Shareholder Value (SHV) bestimmt den Unternehmenswert mittels abdiskontierter, zukünftiger Zahlungsströme.[123]

Da diese Kennzahlensysteme im weiteren Verlauf der vorliegenden Untersuchung nicht relevant sind, wird auf eine nähere spezifische Erläuterung verzichtet.

4.3.3. Performance-Measurement-Systeme

Die finanzwirtschaftlich orientierten als auch die wertorientierten Kennzahlensysteme sind üblicherweise durch eine pyramidenförmige Hierarchie strukturiert, die auf eine Spitzenkennzahl zuläuft. Die mathematische Verknüpfung der Kennzahlen ermöglicht einen Überblick über die Ursache-Wirkungs-Beziehungen zwischen den Kennzahlen. Die Analyse und Auswertung der Ergebnisse erfolgt stets ex post.[124] Die Nachteile beider Arten von Kennzahlsystemen sind die Beschränkung auf rein monetäre und direkt quantifizierbare Werte und somit eine Vernachlässigung der nicht monetären Kenngrößen und ein eingeschränkter Bezug zur strategischen Planung und Umsetzung der Unternehmensziele. Damit sind sie nicht für Planungs-, Steuerungs- oder Kontrollfunktionen geeignet.[125] Geiß unterstreicht dies durch die Erwähnung der fehlenden Aktualität der Kennzahlensysteme.[126]

Die jüngeren, zu den *Performance-Measurement-Systemen* zählenden Kennzahlensysteme durchbrechen diesen Schwachpunkt. Sie setzen sich sowohl aus monetären als auch nicht monetären Messwerten zusammen, die neben den Leistungs- und Kostentreibern auch andere

---

[123] Vgl. Weber/Schäffer (2006), S. 170ff.
[124] Vgl. Gladen (2008), S. 23ff.
[125] Vgl. George (1998), S. 56f.
[126] Vgl. Geiß (1986), S. 119f.

Unternehmensziele betrachten können. Die *Performance-Measurement-Systeme* legen ihren Fokus auf die Leistungsmessung und -bewertung der Prozesse und ihrer Ergebnisse. Sie sind durch den Verzicht auf starre rechenoperative Verknüpfung der Kennzahlen anders als die finanzwirtschaftlich- und wertorientierten Kennzahlensysteme in der Lage Merkmale der unterschiedlichsten Bereiche sowohl quantitativ als auch qualitativ zu betrachten und sachlogisch zu verknüpfen. Sie sind daher bessert geeignet als rein monetären Systeme, um die nach dem moderneren Verständnis weitreichenden Unternehmensziele quantitativ wiederzugeben. Die dabei die ermittelten Größen zielen darauf ab, die Effizienz und Effektivität der Prozesse widerzuspiegeln.[127] Als effizient wird in diesem Zusammenhang ein Prozess verstanden, der mit geringstem Aufwand zum gewünschten Ergebnis führt, während ein Prozess als effektiv bezeichnet wird, der zum richtigen Ergebnis führt. Die bekanntesten Vertreter der *Performance-Measurement-Systeme* sind die *Balanced Scorecard* und das *EFQM-Modell* sowie die im Projektmanagement zunehmend bedeutende *Earned-Value-Methode*.

Die Balanced Scorecard

Die *Balanced Scorecard* ist eine ausgewogene Bündelung monetärer und nicht monetärer Kennzahlen, die für die Formulierung, Umsetzung und Kommunikation von Strategien verwendet werden kann.[128] Dieses Kennzahlensystem wurde Anfang der 1990er Jahre durch *Robert. S. Kaplan* und *David P. Norton* entwickelt.[129] Das Konzept gliedert die Kennzahlen in vier Perspektiven – Finanzen, Kunden, interne Prozesse sowie Lern- und Entwicklungsprozesse –, die es ermöglichen, die Unternehmensstrategien umfassend abzubilden und zu quantifizieren.

Die *Balanced Scorecard* unterstellt Kausalbeziehungen zwischen den Kennzahlen der verschiedenen Perspektiven und weicht damit von den finanzwirtschaftlich sowie den wertorientierten Kennzahlensystemen ab, die auf eine starre mathematische Verknüpfungen der Kennzahlen im Bereich der Ursache-Wirkungs-Kette setzen.[130] Die *Balanced Scorecard* arbeitet nach einem *Top-Down-Ansatz*, bei dem die Visionen und Strategien in Ziele unterschiedlicher hierarchischer Ebenen der vier Perspektiven herunter gebrochen werden.[131]

---

[127] Vgl. Gladen (2008), S. 24ff; Weber/ Schäffer (2006), S. 180ff.
[128] Vgl. Kaplan / Norton (1996), S. 7f.
[129] Detaillierte Erläuterung in Kaplan / Norton (1996).
[130] Vgl. Wettstein (2002), S. 52f.
[131] Vgl. Wettstein (2002), S. 53f.

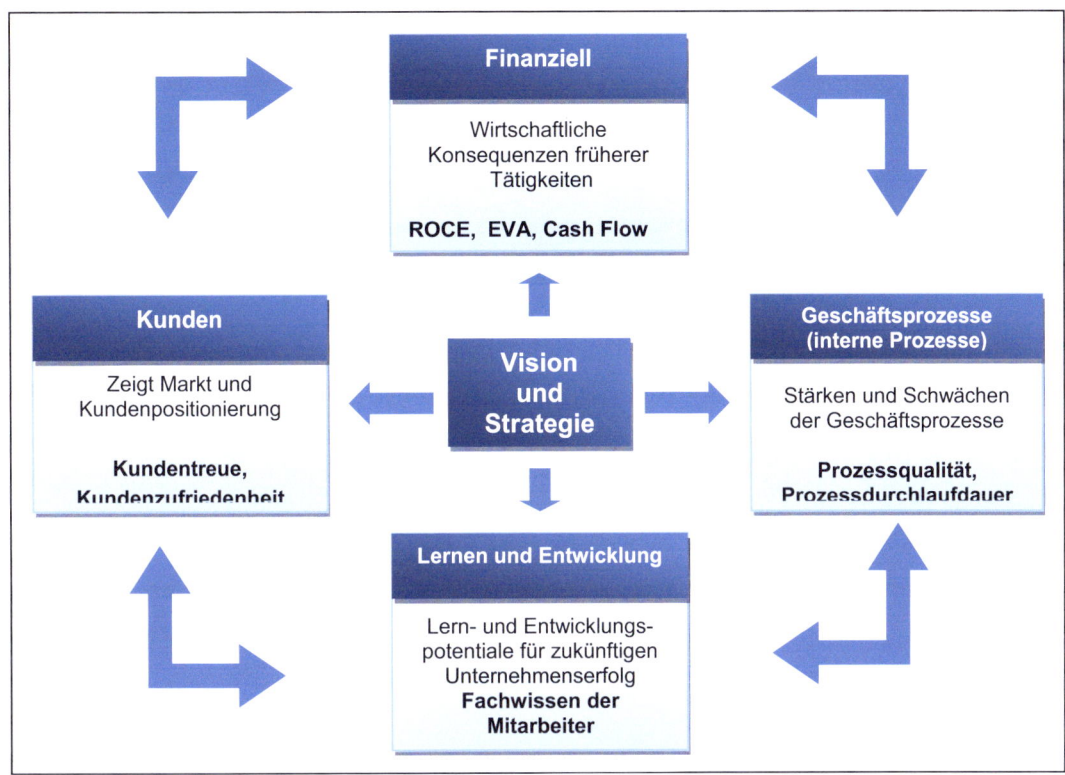

Abbildung 12: Die vier Perspektiven der Balanced Scorecard[132]

Das EFQM-Modell

Das Kennzahlenmodell der EFQM wurde im Rahmen der Qualitätsmanagement-Bewegung Ende der 1980er Jahre entwickelt. Der Fokus dieses Modells liegt auf der Bewertung und Weiterentwicklung der Unternehmen und ihrer Strukturen.[133] Die Kennzahlen des EFQM-Modells werden in neun gewichtete Kriterien untergliedert: fünf Voraussetzungen (Befähiger) und vier Ergebniskriterien (Ergebnisse). Diese Bandbreite ermöglicht eine umfassende Darstellung und Bewertung des Unternehmens. Das Modell bewertet die vorhandenen Strukturen und ermöglicht damit eine Verbesserung der Prozessqualität. Die einheitliche Bewertungsstruktur des Modells ermöglicht das *Benchmarking* mit anderen Marktteilnehmern.[134] Das *Project Excellence-Modell* ist eine an das *EFQM*-Modell angelehnte Methode aus dem Projektmanagement, bei der spezifische Merkmale auf die Anforderungen des Projektmanagements zugeschnitten wurden.[135]

---

[132] In Anlehnung an Kaplan / Norton (1997), S. 9; Weber/Schäffer (2006), S. 187.
[133] Vgl. Grüning (2002), S. 54f.
[134] Vgl. Grüning (2002), S. 54ff und S. 65.
[135] Vgl. Ottmann & Schelle (2008), S. 40ff und GPM (2009), S. 73f.

Die Earned-Value-Methode

Die vom US Department of Defense um 1965 entwickelte *Earned-Value-Methode* findet als Arbeitswertkonzept zur Fortschrittskontrolle besonderen Anklang im Projektcontrolling.[136] Die *Earned-Value* Analyse versucht alle 3 Dimensionen des magischen Dreiecks simultan zumessen und Prognosen darüber Prognosen über den voraussichtlichen Termin und Aufwand am Projektende zutreffen und den Fortschritt in der Spitzenkennzahl dem *Earned Value* wiederzugeben.[137]

Der Projektfortschritt bedient sich dabei einem Vergleich der Ist-, den Soll-, und den Plangrößen. Die Kostenabweichung (*Cost Variance* (CV)) ermittelt sich durch einen Abgleich der verursachten Kosten für die geleistete Arbeit (ACWP) und den geplanten Kosten für die geleistete Arbeit (BCWP), wobei der *Earned Value* dem BCWP entspricht. Die Plankosten lassen sich durch die geplanten Kosten für die geplante Arbeit (BCWS) darstellen. Neben der *Cost Variance* spielt auch der *Cost Performance Index* (CPI) eine entscheidende Rolle bei der Kostenbetrachtung im Projektverlauf.

$$CV = BCWP - ACWP \qquad\qquad CPI = BCWP / ACWP$$

Eine negative *Cost Variance* prognostiziert eine zu erwartende Budgetüberschreitung während der *CPI* idealerweise größer oder gleich eins ist.

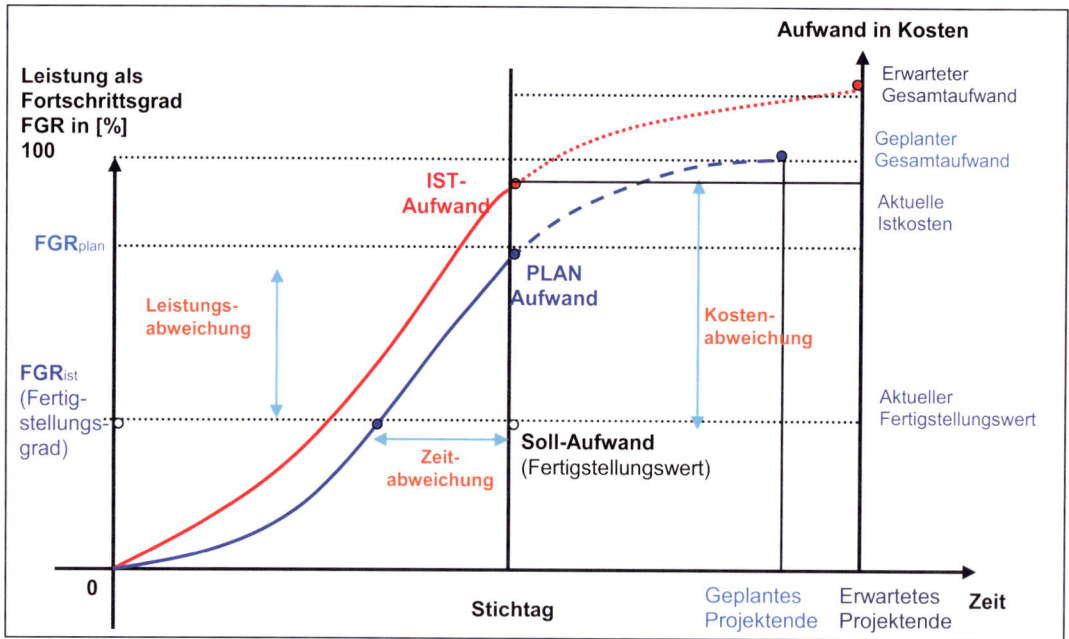

Abbildung 13: Earned-Value-Methode[138]

---

[136] www.gpm-ipma.de
[137] Vgl. George (1998), S. 96ff; Patzak/Rattay (2009), S. 432f.
[138] In Anlehnung an George (1998), S. 96f; Patzak/Rattay (2009), S. 433.

In Abbildung 13 wird deutlich, dass die *Earned-Value-Methode* den komplexen Fortschritt eines Projektes hinsichtlich der drei Projektdimensionen (Kosten, Zeit, Leistung) bewertet. Dank dieser Methode ist eine Performancebetrachtung hinsichtlich des Projektfortschritts möglich, in der alle drei Dimensionen zeitgleich berücksichtigt werden.[139]

Neben dem CV und CPI lassen sich mittels des BCWS auch Termin spezifische Abweichungen in Form des Schedule Performance Index (SPI) betrachten.

$$SPI = BCWP / BCWS$$

Eine ausführliche Auflistung der Kennzahlen der *Earned-Value-Methode* findet sich im Anhang wieder.

4.3.4. Zwischenfazit

Die geschilderten Kennzahlensysteme sind für eine Verwendung im Sinne der Aufgabenstellung nur bedingt geeignet. Sowohl die finanzwirtschaftlich orientierten als auch die wertorientierten Kennzahlensysteme sind aufgrund ihres Fokus auf rein monetäre Kennzahlen und dem starren rechenoperativen Zusammenhang zwischen den Kennzahlen nicht ausreichend in der Lage, die Effizienz und Effektivität der Projektabwicklung umfassend abbilden zu können. Das *EFQM-Modell* (bzw. *Project Excellence*) zielt auf die objektive Bewertung von Prozessstrukturen und -ressourcen ab und findet besonders durch die standardisierte Betrachtung hohen Zuspruch im Bereich des internen und externen Benchmarkings. Zur Beschreibung und Erfassung der unterschiedlichen Sachverhalte bedient es sich dabei im besonderen Maße den qualitativen Kennzahlen und eignet sich daher weniger für eine Betrachtung der Performance der Projektabwicklung. Die *Earned-Value-Methode* stellt für die umfassende Abbildung des Projektfortschritts sehr sinnvolles Tool dar, ist aber weniger geeignet für die Bewertung der Prozessqualität.

Hinsichtlich der Aufgabenstellung empfiehlt es sich daher, ein Kennzahlensystem zu verwenden, das an die *Balanced Scorecard* angelehnt ist. Diese bietet die Möglichkeit, Kennzahlen unterschiedlicher Perspektiven über einen Kausalzusammenhang zu verknüpfen und auf diesem Wege die Effizienz und Effektivität der Projektabwicklung in einer sehr umfangreichen Abbildung darzustellen. Die Perspektiven müssen dabei entsprechend den Dimensionen des Projektmanagements angepasst werden, da das Kennzahlensystem sich konkret auf die Performance der Projektabwicklung fokussieren soll.

---

[139] Vgl. Burghardt (2008), S. 400f.

5. Entwicklung des Kennzahlensystems

5.1. Grobauswahl der Kennzahlen

5.1.1. Kriterien für Kennzahlensysteme im Projektmanagement

Die essenzielle Eigenschaft eines Kennzahlensystems ist es, Sachverhalte quantitativ abbilden zu können, wobei die Wirtschaftlichkeit und Adäquanz des Kennzahlensystems bei der Auswahl nicht zu vernachlässigen sind.[140] Die verwendeten Kennzahlensysteme richten sich entsprechend der festgelegten Unternehmensziele aus, die sich üblicherweise, bedingt durch die unterschiedlichen Dimensionen der unternehmerischen Handlungsfelder, aus mehreren unterschiedlichen Zielen zusammensetzen. Die Verwendung eines Monozielsystems wie des *DuPont-Kennzahlensystems* ist demzufolge im Rahmen dieser Aufgabe nicht zielführend.[141]

Sullivan et al. machen die Effizienz eines Kennzahlensystems davon abhängig, wie weit es zu Änderungen oder Anpassungen des jeweiligen Prozesses führen kann. Für die Wirksamkeit eines Kennzahlensystems heben sie unter anderem die folgenden Kriterien hervor: *Transparenz/ Klarheit, Genauigkeit, Aktualität, Verständlichkeit* und *Dominanz*. [142] Das *U.S. Department for Energy Project Management* macht die Wirksamkeit eines Kennzahlensystems von den folgenden Kriterien abhängig:

1. *Messbarkeit* (objektiv oder subjektiv)
2. *Zuverlässigkeit und Konsistenz*
3. *Verständlichkeit, Eindeutigkeit und Klarheit*
4. *Nachprüfbarkeit*
5. *Aktualität*
6. *Stabilität hinsichtlich der Beeinflussung durch externe Einflüsse*
7. *kosteneffiziente Erfassbarkeit*
8. *Aussagekraft*
9. *Bezug zu den Unternehmenszielen und Missionen*
10. *Förderung effektiver* Entscheidungen und kontinuierlicher Verbesserung [143]

Im Projektmanagement sollten besonders prozessbeschreibende Kennzahlensysteme durchgängig die drei Dimensionen Qualität/Leistung, Kosten und Zeit berücksichtigen. Aufgrund ihres geringen Erhebungsaufwands nehmen die kosten- und zeitspezifischen

---

[140] Vgl. George (1998), S. 55f; Geiß (1986), S. 119f.
[141] Vgl. Heinen (1972), S. 364; Drucker (1971), S. 306-309.
[142] Vgl. Sullivan et al. (2008), S. 320f.
[143] Vgl. DEPM (2005), S. 10f.

Kennzahlen die Mehrheit der vorliegenden und genutzten Kennzahlen ein.[144] In der Arbeit von George werden acht Kriterien für die Effizienz eines Kennzahlensystems aufgeführt. Demzufolge muss ein Kennzahlensystem

1. *die relevanten Faktoren realitätsgetreu erfassen und darstellen und dabei die Problemstellung, die Strukturen, die Ziele sowie die Beziehungen zwischen den Elementen wiedergeben;*

2. *auch nicht metrisch skalierte Sachverhalte quantitativ erfassen können;*

3. *sowohl vergangenheits- und gegenwarts- als auch zukunftsorientierte Informationen bereitstellen können;*

4. *die Fähigkeit besitzen, sich Änderungen der internen Strukturen und der Umwelt in gewisser Weise anzupassen;*

5. *die Informationen komprimiert in wenigen Kennzahlen wiedergeben können;*

6. *über klar und transparent definierte Kennzahlen hinsichtlich ihrer Verwendung, Aussagefähigkeit und Erhebung verfügen;*

7. *die Verwendung von EDV- Technologien unterstützen;*

8. *hinsichtlich seiner Verwendung wirtschaftlich gerechtfertigt sein.*[145]

Wettstein geht in seiner Betrachtung noch einen Schritt weiter und zeigt entsprechend Anforderungen auf, die die jeweiligen Kriterien erfüllen müssen:

- *vollständig* (geforderte Funktionalität muss vollständig beschrieben sein)

- *korrekt* (vollständige Wiedergabe der Erwartungen der Stakeholder)

- *klassifizierbar* (bezüglich der juristischen Verbindlichkeit)

- *konsistent* (gegenüber anderen Anforderung und in sich konsistent)

- *testbar* (Testfälle müssen zu einem konkreten Ergebnis führen)

- *für alle Stakeholder verständlich*

- *notwendig*

- *verfolgbar* (Anforderungen können sich im Zeitverlauf ändern)

- *bewertbar* (bei Vielzahl von Kriterien nach Priorität, Wichtigkeit bewertbar)

- *eindeutig* (ein Kriterium lässt sich nur auf eine Art und Weise verstehen)[146]

---

[144] Vgl. Atkinson (1999), S. 339f.
[145] Vgl. George (1998), S. 54-60.
[146] Vgl. Wettstein (2002), S. 83.

5.1.2. Kennzahlen in der Literatur

Die durchgeführte Literaturrecherche verdeutlicht den Umstand, dass generell sehr wenige Quellen zum Thema Kennzahlen im Anlagenbau, im Speziellen dem Großanlagenbau, in der Fachliteratur vorliegen. George gibt in seiner Arbeit einen sehr umfassenden Überblick über potenzielle Kennzahlen im Projektmanagement und Anlagenbau, diese sind aber für die konkreten Anwendungsfälle zu allgemein gehalten und basieren zumeist auf eher qualitativen Werten. Weitere Autoren wie Müller beschäftigen sich explizit mit einzelnen sehr spezifischen Schwerpunktthemen und deren Kennzahlen. Jedoch lässt sich in der Summe keine umfassende und spezifische Sammlung an Kennzahlen speziell für die Quantifizierung der Performance in der Projektabwicklung im Großanlagenbau finden.[147]

Um das Blickfeld für die spätere Auswahl von Kennzahlen zur Quantifizierung des Projektabwicklungsprozesses zu erweitern, wurde die Recherche auf verwandte Bereiche ausgeweitet. Besonders den Parallelen zwischen dem Bausektor und dem Großanlagenbau wurde hierbei Bedeutung zugemessen. Die Abwicklung erfolgt ebenfalls in Form von Projekten, die Dimensionen bezüglich Kosten und Dauer sind ebenso vergleichbar wie ein hoher Grad an Fremdleistungen in der Projektabwicklung. Im englischsprachigen Raum wird der Großanlagenbau zudem nicht dem Anlagen- und Maschinenbau, sondern der Bauindustrie zugerechnet.[148] Im Folgenden werden einige bedeutende Quellen und ihre Kennzahlen aufgezählt und beschrieben. Weitere Kennzahlenquellen sind im Literaturverzeichnis und Anhang zu finden.

Kennzahlen bei George

Im Rahmen seiner Dissertation beschäftigte sich *George* mit Kennzahlen und Kennzahlensystemen zur Unterstützung der Projektdurchführung und Erreichung der Projektziele mit Fokus auf dem Anlagenbau. Dafür beschreibt er zum einen unterschiedlichste Kennzahlensysteme, die bei der Durchführung der Projekte von Relevanz sind,[149] und leitet zum anderen ein eigenes System her, das auf den beschriebenen Systemen und einer durchgeführten Unternehmensumfrage basiert.[150] Bei den erläuterten Systemen geht er unter anderem auf das Kennzahlensystem nach Wasielewski ein, das sich spezifisch mit der *Plantreue* und der *Restwertermittlung* im Projektverlauf beschäftigt.[151] Das in dieser Arbeit beschriebene System nach Noth & Töpelmann nimmt eine Unterteilung der Kennzahlen

---

[147] Hierzu siehe George (1998) bzw. Müller (2008) konkret zum Thema "Claim-Management".
[148] Vgl. CURT (2005); KPI Group (2000).
[149] Vgl. George (1998), S. 61ff.
[150] Vgl. George (1998), S. 116ff.
[151] Vgl. George (1998), S. 61-72 unter Berücksichtigung von Wasielewski (1979).

46

hinsichtlich der Dimensionen: zu erstellende Leistung, Projektumwelt und eingesetzte Ressourcen vor.[152] Aufbauend auf der Vielzahl betrachteter Kennzahlensysteme gibt George eine umfassende Sammlung an Kennzahlen zur Projektdurchführung wieder, die in verschiedene Bereiche gegliedert werden (*Auftraggeber, Lieferanten, projektausführendes Unternehmen, Zeitsituation, Finanzsituation, Leistungssituation, Ressourcensituation* und *Projektumwelt*). Die Kennzahlensammlung ermöglicht dabei nicht nur Kennzahlen für eine objektive Bewertung der projektinternen Situation, sondern auch für eine umfassende Betrachtung der Projektumwelt[153] (siehe Anhang Tabelle 12).

Kennzahlen der Bauindustrie

Im Sektor der Bauindustrie ist eine Vielzahl von Initiativen zur Erstellung und Verbesserung von Kennzahlensystemen für die Projektdurchführung, -abwicklung und -bewertung zu finden.[154] Besonders den folgenden Kennzahlen wird in diesem Zusammenhang eine hohe Bedeutung zugemessen:

- *Kostentreue* (Vergleich der Plan- und Ist-Kosten)
- *Termintreue* (Vergleich der Plan- und Ist-Termine)
- *Leistungstreue* (Vergleich der Plan- und Ist-Leistung)
- *Produktivität* (eingesetzte Ressource zur resultierenden Leistung)
- *Projektgewinn*
- *Unfallhäufigkeit*
- *Fortschrittsmessung*[155]

Neben diesen Kennzahlen werden in der Literatur weitere, auf die jeweiligen spezifischen Anforderungen hin zugeschnittene Kennzahlen aufgeführt. Einzelne Kennzahlensammlungen richten sich mit ihren Indikatoren auf die konkreten Aufgaben des Generalunternehmers aus. Dafür werden auch die folgenden Kennzahlen verwendet:

- *Liquidität*
- *Cash Flow*
- *Schedule Variance*
- *Cost Variance*
- *nicht genehmigte Change Order*
- *Anteil der verbindlichen Kosten*[156]

---

[152] Vgl. George (1998), S. 88ff unter Berücksichtigung von Noth & Töpelmann (1986).
[153] Vgl. George (1998), S. 134ff.
[154] Vgl. KPI Group (2000); DEPM (2005); CURT (2005).
[155] Vgl. Alarcón / Serpell (1997), S. 2f.

Die Begriffe *Cost-* bzw. *Schedule Variance* werden in der englischsprachigen Literatur üblicherweise im Zusammenhang mit der Abweichung vom Planwert zum Projektende bzw. Meilenstein verwendet. *Roper/Lin* verwenden diesen Begriff jedoch als Varianz im Projektverlauf, also die *Streuung der Abweichungen im Verlauf eines Projektes*.[157] Eine vergleichende Betrachtung verschiedener *Performance-Measurement*-Programme der Bauindustrie mit dem Ziel, ein allgemeingültiges Kennzahlenprogramm aufzustellen, zeigte Übereinstimmungen hinsichtlich der folgenden Kennzahlen auf:

- ***Kundenzufriedenheit***
- ***Kostenabweichung***
- ***Terminabweichung***
- ***Sicherheit*** (Anzahl Unfälle, *LTIF*)
- ***Non Conformity Reports*** (Leistungen, die nicht den Anforderungen entsprechen)
- ***Betrachtung der Subcontractors*** (Anteil, Performance)[158]

Neben diesen Kennzahlensammlungen lassen sich in der Literatur weitere bedeutende Kennzahlensammlungen finden. Das U.S. Department of Energy Project Management unterteilt die für die Messung und das *Benchmarking* der Effizienz und Effektivität des Projektmanagements genutzten Kennzahlen in die drei Klassen *Input/Prozess*, *Output/Ergebnis, weitere Kennzahlen*. Die genaue Auflistung ist im Anhang in Tabelle 13 zu finden. Alararcón/Serpell (1997) beschäftigten sich in ihrer Arbeit mit dem Thema *Performance Measurement in Construction Projects* und geben in diesem Zusammenhang eine ausführliche Auflistung von Kennzahlen wieder. Sie unterteilen die Kennzahlen dabei entsprechend der Teilprozesse *Engineering, Procurement, Construction* (siehe Anhang Tabelle 14).

5.1.3. Grobauswahl

Aus der Vielzahl aufgezeigter und vorliegender Kennzahlensammlungen wurden in einer Grobauswahl ca. 80 Kennzahlen entsprechend ihrer Eignung für die Erfolgsmessung im Großanlagenbau selektiert. Die betrachteten Kennzahlensammlungen beinhalten Kennzahlen zu den Schwerpunktthemen Projektmanagement sowie dem *Performance Measurement* in Projekten und dem *Performance Measurement* im Bereich des *(Industrial-)Construction*-Sektors. Das Ziel der Grobauswahl besteht darin, einen möglichst großen Pool an potenziellen

---

[156] Vgl. Roper /Lin, S. 2ff.
[157] Vgl. Roper /Lin, S. 3f.
[158] Auswertung von UK Best Practices Program (1998), Benchmarking Programm der Chilenischen Bauindustrie (2001), Construction Industry Institute Benchmarking and Metrics (1993), Performance Measurement System for Brazilian Construction Industry (1993) in Alarcón et al. S. 3ff.

Kennzahlen für die Quantifizierung der Performance der Projektabwicklung im Großanlagenbau aufzustellen. Die Betrachtung von Kennzahlensammlungen des Projektmanagements und des Baugewerbes ist zwei Umständen geschuldet. Zum einen sind neben der Sammlung von George[159] keine weiteren umfassenden Kennzahlensammlungen für den Großanlagenbau zu finden, so dass es sinnvoll erscheint, die Parallelen zum Projektmanagement und dem Baugewerbe zu nutzen. Zum anderen wird der Großanlagenbau in der englischsprachigen Literatur nicht dem Maschinen- und Anlagenbau zugeordnet, sondern als Bestandteil der Bauindustrie betrachtet.[160]

Die besonderen Anforderungen des Großanlagenbaus bestehen in der erforderlichen Flexibilität des Kennzahlensystems, da sich Projekt- und Leistungsumfänge im Verlauf der Projekte regelmäßig ändern können. Ursache hierfür sind die Change Order und Claims, die wesentliche Bestandteile des Großanlagenbaus sind.[161] Als Change Order werden Änderungen und Anpassungen der Projektdimensionen bezeichnet, die im beiderseitigen Einverständnis vereinbart werden. Als Claims werden hingegen einseitige Ausgleichsansprüche eines Vertragspartners bezeichnet. Beide Formen führen regelmäßig zu wesentlichen Änderungen des Projektumfangs.[162] Neben diesen Änderungen sind die Projekte des Großanlagenbaus in ihren Dimensionen sehr unterschiedlich ausgeprägt, was eine einheitliche Auswertung erschwerend im Wege steht. Die Projekte werden daher kumuliert in spezifischen Perioden betrachtet.

Zwischen den spezifischen Kriterien des Großanlagenbaus und den Eigenschaften der Kennzahlen der ausgewählten und zum Teil vorgestellten Kennzahlensammlungen lässt sich ein hoher Grad an Überschneidungen wiederfinden. Im Rahmen der Auswahl wurde der Fokus auf die Eignung der einzelnen Kennzahlen gelegt, die verschiedenen Kern- und Erfolgsmerkmale des Großanlagenbaus wiedergeben zu können. Diese Arbeit konzentrierte sich bei dieser Auswahl auf die folgenden Kriterien:

1. *Ist die Kennzahl generell auf alle Projekttypen anwendbar?*
2. *Erfasst die Kennzahl erfolgsspezifische oder den Erfolg beeinflussende Merkmale?*
3. *Ist die Kennzahl mess- und replizierbar?*
4. *Ist die Kennzahl verständlich und transparent?*
5. *Sind Einflussmöglichkeiten auf die Kennzahl gegeben?*

---

[159] Vgl. George (1998)
[160] Vgl. DEPM (2005), Roper/Lin, KPI (2000)
[161] Vgl. Müller (2008), S. 28f
[162] Vgl. Müller (2008), S. 55ff

6. *Gibt die Kennzahl die Sachverhalte objektiv wieder?*[163]

Diese Kriterien setzen sich aus den grundlegenden Anforderungen der Kennzahlen und den Merkmalen des Großanlagenbaus zusammen. Die Anwendung konkreterer Kriterien – zum Beispiel im Hinblick auf die Aufgabenstellung oder die Verwendung bei der Ferrostaal AG sowie ihre jeweilige Aussagekraft – erfolgt in den folgenden Stufen der Auswahl.

Entgegen der von George vorgenommenen Auswahl wird in dieser Arbeit auf die Verwendung qualitativer Kennzahlen zur Gewährleistung der Objektivität soweit wie möglich verzichtet.[164] Die manuelle Zuordnung bzw. Einteilung der qualitativen Messwerte verursacht einerseits einen zusätzlichen Mehraufwand und birgt andererseits das Risiko einer bewussten oder unbewussten Beeinflussung der subjektiven Bewertung durch die jeweiligen Mitarbeiter. Um die Reproduzierbarkeit und Transparenz der einzelnen Zuordnungen/Klassifizierungen zu erhöhen, wäre ein entsprechender Aufwand im Rahmen der Definition und Reglementierung der Entscheidung erforderlich.

Die Kennzahlen der Grobauswahl werden in vier Dimensionen gliedert. Dabei sind die Dimensionen *Zeit/Termin, Kosten/Finanzen* und *Qualität/Leistung* nach dem „Magische Dreieck des Projektmanagements" ausgerichtet. Aufgrund ihrer Bedeutung für eine erfolgreiche Projektabwicklung wurden die drei Dimensionen um die vierte Dimension *Mitarbeiter/Arbeitssicherheit* erweitert.[165] Die ausführliche Auflistung der Grobauswahl mit ca. 80 Kennzahlen ist im Anhang in Tabelle 10 zu finden.

5.2. Vorauswahl der Kennzahlen

5.2.1. Spezifische Anforderung der Aufgabenstellung

Im Rahmen der Vorauswahl werden die Kennzahlen der Grobauswahl einer weiteren Selektion hinsichtlich ihrer Eignung für die durch die Aufgabenstellung gegebenen Anforderungen unterzogen. Die Aufgabenstellung fordert ein Kennzahlsystem zur Quantifizierung der Prozesse hinsichtlich der Effizienz und Effektivität in der Projektabwicklung.

In der Projektabwicklung wird unter Effizienz ein minimaler Ressourcenbedarf zur Erreichung eines festgelegten Ziels verstanden.[166] Demnach sollten Kennzahlen, die für die

---

[163] Eigene Auflistung von Kriterien in Anlehnung an George (1998), S. 54-60 und DEPM (2005), S. 10f.
[164] Vgl. George (1998), S. 54-60 die Auflistung der Kriterien ist auch im Kapitel 5.1.1. zu finden
[165] Vgl. GPM (2009), S. 61, Andernach (2006), S. 99ff.
[166] Vgl. Gladen (2008),S. 24ff; Weber/ Schäffer (2006), S. 180ff.

Messung der Effizienz der Projektabwicklung vorgesehen sind, den Fokus weniger auf die Erreichung des geplanten Ziel legen als auf die verbrauchten oder benötigten Ressourcen, und sie sollten imstande sein, diese komprimiert wiedergeben zu können.

Die Effektivität der Projektabwicklung betrachtet im Gegensatz dazu den Grad der Erreichung des geforderten oder vereinbarten Ergebnisses oder Ziels.[167] Die Effektivität der Projektabwicklung lässt sich demzufolge mit Kennzahlen bewerten, die die Zielerreichung oder -abweichung betrachten. Die Zielerreichung lässt sich unter anderem anhand der Einhaltung der geplanten Kosten, Zeit, Leistung oder Qualität abbilden. Daher eignen sich die Kosten-, Leistungs- und Termintreue als Kennzahlen für die Betrachtung der Effektivität.

Als Kriterien für die Vorauswahl wurden zum einen die spezifischen Merkmale des Großanlagenbaus, zum anderen die Eignung, die Effizienz und Effektivität der Projektabwicklung abbilden zu können, festgesetzt. Dadurch ergeben sich die folgenden spezifischen Anforderungen:

- Kann die Kennzahl die Effizienz oder Effektivität der Projektabwicklung in irgendeiner Form widerspiegeln?
- Ist die Kennzahl entsprechend flexibel hinsichtlich der unterschiedlichen Projektdimensionen?
- Ist die Kennzahl geeignet, um in kumulierter Form eine nachvollziehbare Aussage über die Entwicklung der Effizienz und Effektivität der Projektabwicklung verschiedener Projekte einer definierten Periode geben zu können?

5.2.2. Spezifische Vorauswahl der Kennzahlen der Ferrostaal AG

Im Rahmen der Vorauswahl wurden die Kennzahlen der Grobauswahl einer konkreteren Differenzierung unterzogen. Neben den aus der Aufgabenstellung abgeleiteten Kriterien wurden auch die Erkenntnisse einer im Jahr 2008 in der Ferrostaal AG durchgeführten Umfrage[168] mit in die Auswahl einbezogen. Die Umfrage zielte darauf ab, die Prozessqualität der Projektabwicklung über die Qualität der Teilprozesse zu ermitteln. Die Betrachtung der Prozessqualität der einzelnen Prozessstufen vernachlässigt jedoch die Wechselwirkungen zwischen den einzelnen Teilprozessen, wodurch nur eingeschränkt Rückschlüsse auf die Qualität des Gesamtprozesses möglich sind.

---

[167] Vgl. Gladen (2008), S. 24ff; Weber/ Schäffer (2006), S. 180ff.
[168] Umfrage durchgeführt im Rahmen einer wissenschaftlichen Arbeit von Frau A. Richter, Universität Siegen, 31.09.2008

Die im Jahr 2008 durchgeführte Befragung betrachtete die Aussagekraft und Eignung verschiedener Kennzahlen für die Quantifizierung der Qualität einzelner Teilprozesse. Aufgrund der Fokussierung auf die spezifischen Merkmale der jeweiligen Teilprozesse lassen sich die resultierenden Kennzahlen der Arbeit nicht für eine Betrachtung der Effizienz und Effektivität der Projektabwicklung verwenden. Diese Arbeit zielt darauf ab die Performance der Projektabwicklung als Ergebnis des Gesamtprozesses zu quantifizieren und unterscheidet sich damit in der Ausrichtung deutlich von der Orientierung auf die Ergebnisse der Teilprozesse. Im Rahmen dieser Umfrage wurden die verschiedenen Prozessverantwortlichen neben ihrer Einschätzung über die Eignung spezifischer Kennzahlen auch generell zur Beschreibung von Prozessqualität befragt. Dafür wurden Fragen über die Bedeutung und Aussagekraft einzelner Merkmale der Mitarbeiter, der Rahmenbedingungen, der Effizienz, der Zuverlässigkeit, der Projektziele und der Transparenz gestellt, wie weit diese geeignet sind um die Prozessqualität widerzuspiegeln zu können.

Die Erkenntnisse der Arbeit können aufgrund der abweichenden Ausrichtung der Arbeit nur beschränkt für die Auswahl der Kennzahlen genutzt werden. Während der allgemeine Teil aufgrund einiger Parallelen hinsichtlich der Betrachtung der Prozessqualität auch in der Vorauswahl dieser Arbeit genutzt werden kann, ist eine Verwendung der spezifischen Bewertung einzelner Kennzahlen im Rahmen der finalen Auswahl – aufgrund der Abweichungen – nicht möglich.

Der allgemeine Teil bietet die Möglichkeit bereits in der Vorauswahl Kennzahlen auszusortieren, die Sachverhalte beschreiben, die für die Prozessqualität als nicht relevant eingeschätzt wurden und somit für die finale Auswahl ungeeignet sind. Die Vorauswahl zielte darauf ab, eine Sammlung geeigneter Kennzahlen zusammenzutragen, die zumindest theoretisch geeignet sind, die Aufgabenstellung der Ferrostaal AG zu erfüllen. Final konnte durch die Vorauswahl eine Sammlung an 20 spezifischen Kennzahlen herauskristallisiert werden, die diesen Anforderungen gerecht werden.

Eine Auflistung dieser Kennzahlen findet sich im Anhang wieder.

5.3. Finale Auswahl

5.3.1. Das Interview

Mit dem Ziel, ein auch in der Praxis aussagekräftiges und umsetzbares Kennzahlensystem aufzustellen, wurde die mittels theoretischer Kriterien aufgestellte Vorauswahl einer kritischen Betrachtung durch verschiedene Führungs- und Fachkräfte der Ferrostaal AG unterzogen. Die Befragung der Mitarbeiter soll dazu beitragen, dass der rein theoretische Hintergrund der Kennzahlenauswahl um das vorhandene Praxiswissen ergänzt wird. Ein weiterer Effekt, den die Einbeziehung der Mitarbeiter abzielt, ist die erhöhte Akzeptanz im Rahmen einer späteren Umsetzung.

Für die Erhebung und Konkretisierung bieten sich zwei Erhebungsmöglichkeiten an, ein Fragebogen, der die Eignung der einzelnen Kennzahlen erhebt, oder ein Leitfadeninterview, das die geeigneten und ungeeigneten Kennzahlen erfasst. Beide Varianten verfügen über unterschiedliche Stärken und Schwächen.

Tabelle 7: Befragungsinstrumente[169]

	Leitfadeninterview	**Fragebogen**
Vorteile	→ ermöglicht das Erfassen von umfangreichen Informationen → neben der Präferenzen auch Nachteile und Grenzen auswertbar → Erfassen von individueller Informationen durch Abweichen möglich	→ schnelle quantitative Auswertung der Einschätzungen → geringe Beeinflussung durch Interviewer → geringer Aufwand für Interviewpartner
Nachteile	→ Durchführung und Auswertung aufwendiger, da geringere Standardisierung → Beeinflussung durch Interviewer bereits durch Wahl der Fragestellung	→ geringerer Informationsgehalt → Vernachlässigen individueller Informationen →aufgrund der Unpersönlichkeit geringere Rücklaufquote

Die in Tabelle 7 aufgezeigten Vor- und Nachteile haben sich auch in einem Pre-Test bestätigt (der dafür verwendete Interviewleitfaden und Fragebogen sind im Anhang zu finden). Dabei zeigte sich ebenso wie in der im Jahr 2008 durchgeführten Umfrage, dass im Rahmen eines Fragebogens mit einer deutlich geringeren Rücklaufquote und einem niedrigerem Informationsgehalt zu rechnen ist.[170] Die geringe Zahl der potenziellen Rückläufer bot keine sinnvolle Basis für eine signifikante statistische Auswertung, zudem waren die vermittelbaren Informationen im Rahmen eines Fragebogens beschränkt. Das Leitfadeninterview leidet hingegen, aufgrund mangelnder Standardisierung der Antworten, unter einer deutlich

---

[169] Eigene Darstellung in Anlehnung an: Kohli (1978)
[170] In der Umfrage im Rahmen der wissenschaftlichen Arbeit von Fr. A. Richter, Universität Siegen, 31.09.2008 konnte bei 60 angefragten Personen einen Rücklaufquote von ca.30% erzielt werden.

schlechteren Auswertbarkeit. Da jedoch im Rahmen der vorliegenden Arbeit nur eine begrenzte Anzahl an Interviewpartnern bereitstand, war dieser Nachteil im Vergleich zum Vorteil der deutlich höheren Informationsgewinnung zu vernachlässigen. Der Gewinnung praxisrelevanter Informationen und Erfahrungen für die Selektion und Abgrenzung wurde eine deutlich größere Bedeutung für diese Arbeit zugemessen, so dass die Befragung im Rahmen eines Leitfadeninterviews durchgeführt wurde. Die Kennzahlen der Vorauswahl wurden für das Leitfadeninterview im Sinne eines einheitlichen Verständnisses vorab nur grob beschrieben, um den Gesprächspartnern genügend Freiraum für eigene Ideen und Anregungen einzuräumen.

Als Interviewpartner wurden gezielt Projektleiter, Prozessverantwortliche sowie ehemalige Trainees mit Projekterfahrung ausgewählt, um eine möglichst breite Sicht auf den Gesamtprozess der Projektabwicklung zu erhalten. Das Interview gliederte sich in drei Stufen. Der erste Teil bestand in der Problemeinführung, die darauf abzielte, die Identifikation der Interviewpartner mit der Problemstellung zu fördern und durch hinführende Fragen mögliche Barrieren abzubauen. Der zweite Teil der Interviews beschäftigte sich mit der Befragung der Teilnehmer hinsichtlich ihrer Einschätzung der Verwendbarkeit und Aussagekraft der einzelnen Kennzahlen, hierbei wurden auch Ideen und Vorschläge der Interviewpartner berücksichtigt. Mit dem Ziel, neben den Stärken auch die Schwachstellen einzelner Kennzahlen zu erfassen, wurde neben der Frage, welche Kennzahlen geeignet seien, auch nach den ungeeigneten gefragt. Der dritte Teil diente dazu, noch einmal generelle potenzielle Probleme und Schwachstellen der Kennzahlen und der Umsetzung zu erfassen. Dieses Vorgehen zielte auf die folgenden Vorteile ab:

1. Die Teilnehmer konnten die für sie relevanten (geeigneten/ungeeigneten) Kennzahlen diskutieren.
2. Die Teilnehmer konnten unschlüssige Kennzahlen auslassen und sich so auf eher signifikante Bewertungen konzentrieren.
3. Die tiefer gehende Begründung der Entscheidung vermittelte deutlich mehr praxisrelevante Informationen und Erfahrungen, woraus sich ein entscheidender Vorteil für die spätere Auswahl und Definition ergab.

Als Nachteil dieses Vorgehens könnte zum einen der Verzicht auf eine statistische Auswertbarkeit und der Verlust an Objektivität und zum anderen der höher Aufwand für beide Seiten gesehen werden.

5.3.2. Das Ergebnis der Interviews

Die durchgeführten Interviews waren durch ihre Dauer von 45–90 Minuten verhältnismäßig kurz gehalten und somit auch im Sinne der Gesprächspartner. Von den angeschriebenen 35 potenziellen Gesprächspartnern erklärten sich 21 bereit, telefonisch oder persönlich teilzunehmen. Alle Interviewpartner schätzten die Bedeutung der Kennzahlen für die erfolgreiche Prozess- und Unternehmenssteuerung als hoch ein. Einige Interviewpartner betonten, dass bei der Optimierung einzelner Kennzahlen stets die Wirkung auf andere Dimensionen im Sinne des „magischen Dreiecks des Projektmanagements" zu beachten sei und dementsprechend eine Einzelbetrachtung nicht zielführend sein könne. Aus diesem Grund tendierten nahezu alle Teilnehmer dazu, sich bei der Auswahl der Kennzahlen nicht nur auf eine oder zwei Dimensionen zu beschränken.

Von den zeitbezogenen Kennzahlen konnten sich die *Termintreue* und die *Varianz der Termine* hervortun. Die *Änderung der Projektdauer durch Change Orders* wurde als eher ungeeignet beschrieben. Im Bereich der finanz- und kostenspezifischen Kennzahlen stachen der *Return on Sales* der Projekte, *die Kostentreue* und die Genauigkeit der geplanten *Contingencies* hervor. Die Bedeutung der *Liquidität*/des *Cash Flow* für den Projekterfolg wurde ebenfalls betont, jedoch sind diese von außen vorgegeben und können die Performance nicht wiedergeben. Ein Vorschlag, der auch die Zustimmung anderer Interviewpartner fand, ist in diesem Zusammenhang die *Genauigkeit der Cash-Flow-Prognose*, daher wurde diese Kennzahl anstelle *der Liquidität/des Cash Flow* in der endgültigen Auswahl verwendet. Die Betrachtung der absoluten Werte wie *Gewinn* oder *spezifische Kosten* ist für die Bewertung der Prozessqualität als eher ungeeignet eingestuft worden. Die *Mitarbeiterfluktuation* kristallisierte sich als einer der aussagekräftigsten Indikatoren für die Qualität der Projektdurchführung heraus. Der Aufwand für die *Lessons Learned* wurde im Gegensatz zum *LTIF*, der *Kundenzufriedenheit* und der *Angebotsqualität* aufgrund des geringen Anteils am Projektgesamtvolumen als eher ungeeignet eingestuft. Für die *Kundenzufriedenheit* wurden jedoch die Schwierigkeiten bezüglich der Erhebung noch einmal betont.

Grundlegend gab es zu allen Kennzahlen kritische Anmerkungen, die im Rahmen ihrer Definition und Abgrenzung beachtet werden müssen. Zudem wurde auf die spezielle Problematik hingewiesen, dass die operativen Prozesse in den Projekten vom hin und wieder vom administrativen Regelwerk abweichen. Durchgehend einheitliche Vorgehensweisen in der Projektabwicklung sind jedoch essentiell für eine Implementierung des Kennzahlensystems.

6. Betrachtung des ermittelten Kennzahlensystems

6.1. Das Kennzahlensystem

6.1.1. Betrachtung des Kennzahlensystems

Die im Rahmen der finalen Auswahl ermittelten Kennzahlen[171] bilden über eine sachlogischen Verknüpfung das Kennzahlensystem, das in seiner Struktur an das Modell der Balanced Score Card angelehnt ist. In seiner Ausrichtung betrachtet das Kennzahlsystem vergleichbar mit der BSC verschiedene Dimensionen, die sich hierbei entsprechend dem *magischen Dreieck* aus Kosten/Finanzen, Zeit/Termin und Leistung/Qualität zusammensetzen. Da die ermittelten Kennzahlen nur als Indikatoren für die Performance fungieren können und je nach Blickwinkel unterschiedliche Priorisierungen vorliegen, wird auf eine Gewichtung der einzelnen Faktoren des Kennzahlensystems verzichtet.

Das Kennzahlensystem in Form eines Netzplandiagramms dargestellt und bildet dabei neben der aktuellen Periode auch Werte vorangegangener Perioden sowie die vereinbarten bzw. festgelegten Grenzwerte bzw. die Toleranzen ab. Der Vergleich mit den Vorperioden ermöglicht die Betrachtung der Entwicklung und Verbesserung, während die Grenzwerte die Einhaltung oder Unterschreitung der vereinbarten Performance widerspiegeln. Bedingt durch die verschiedenen Ausrichtungen der Kennzahlen sind die Achsen dabei unterschiedlich skaliert, wobei die Toleranzgrenzen und die Zielwerte den jeweiligen Skalierungsrahmen bestimmen. Diese Zielwerte und Toleranzgrenzen können entsprechend der Entwicklung, gesammelten Erfahrungen und Vereinbarungen spezifisch angepasst werden. Sowohl die Abbildung des Kennzahlensystems, eine Auflistung der zehn finalen Kennzahlen mit Prognosen für Toleranzgrenzen und Zielwerte sowie eine spezifischere Betrachtung der Kosten- und Termintreue und Genauigkeit der Contingencies sind ausführlich im Anhang aufgeführt.[172]

Neben dieser Gesamtbetrachtung bieten *Termin- und Kostentreue* sowie der *Genauigkeit der Contingencies* die Möglichkeit, noch spezifischere Betrachtungen vorzunehmen. So lässt eine große *Streuung* u.a. auf einen instabilen Prozess schließen während eine geringe Schwankung mit einem kontinuierlichen *Trend* zur Abweichung ein Indikator für Schwächen in der Planung bzw. spezifische Verbesserungspotentiale sein kann. Diese Betrachtungen sind jedoch nicht Fokus dieser Arbeit und werden daher nur kurz im Anhang aufgeführt.

---

[171] Von den ursprünglich 12 finalen Kennzahlen konnten jedoch aufgrund der Umsetzung nur 10 verwendet werden (Erläuterung in 6.2.2.).
[172] Siehe Datenblatt des Kennzahlensystem Anhang S. A-1 bis A-3

6.1.2. Notwendige Abgrenzung des Kennzahlensystems

Die eindeutige und einheitliche Erfassung der Kennzahlen des Kennzahlensystems erfordert die Festlegung verschiedener Randbedingungen. Hierzu zählt die genaue Abgrenzung der Betrachtungszeiträume und die eindeutige Zuordnung der jeweiligen Projekte.

Als Dauer einer Periode wird der Zeitraum von einem Jahr (1. Jan. bis 31. Dez.) festgelegt. Die Zuordnung der Projekte kann nach ihrem Start- oder Endzeitpunkt erfolgen. Beide Zeitpunkte verfügen über Vor- und Nachteile. Aufgrund der unterschiedlichen Dauer der Projekte fallen die Zuordnungen der Perioden je nach Zeitpunkten unterschiedlich aus. Die Betrachtung einheitlicher Projektanfänge kann klar die Einflüsse der Veränderungen widerspiegeln, da beobachtbar ist, auf welche Projekte sie wirken konnten. Auf der anderen Seite leidet diese Betrachtung darunter, dass verschiedene Perioden sich durch einzelne sehr lange Projekte erst mit signifikanter Verzögerung auswerten lassen. Die Betrachtung der Projekte mit einem Ende in derselben Periode ermöglicht eine zeitnahe Auswertung der abgeschlossenen Projekte. Der Schwachpunkt dieser Betrachtung liegt in der Bewertung der Einflüsse verschiedener Maßnahmen; da die Projektstarts in unterschiedlichen Perioden liegen, lassen sich keine konkreten Auswirkungen festmachen.

Im Rahmen dieses Kennzahlensystems wird in diesem Zuge der zeitnahen Auswertbarkeit die größere Bedeutung zugemessen und das Projektende als entscheidendes Kriterium für die entsprechende Periodenzuweisung festgelegt. Als Projektende lassen sich im Großanlagenbau drei Zeitpunkte bestimmen, die *Mechanical Completion*, die *Provisional Acceptance* oder die *Final Acceptance*. Die *Mechanical Completion* ist der Zeitpunkt der Fertigstellung der Montagetätigkeiten. Da jedoch auch die Inbetriebnahme und After Sales Services Bestandteile der Projektdurchführung sind, ist dieser Zeitpunkt nicht relevant. Als *Final Acceptance* wird die endgültige Übergabe bezeichnet, die im Anschluss an den Gewährleistungszeitraum stattfindet; sie ist jedoch aufgrund des langen Zeitrahmens der Betrachtung ebenfalls ungeeignet. Die *Provisional Acceptance* ist der Zeitpunkt der vorbehaltlichen Übergabe an den Kunden, an die sich die Garantiephase anschließt. Im Rahmen dieser Arbeit wird die *Provisional Acceptance* als Projektende betrachtet, anhand dessen die Projekte den jeweiligen Perioden zugeordnet werden.

Da sich der *Project Status Report* einzig auf Projekte mit einem Auftragsvolumen von über 10 Mio. € bezieht, wird ein automatischer Rahmen für die Betrachtung vorgegeben und kleinere Projekte nicht berücksichtigt. Neben diesen Abgrenzungen besteht Klärungsbedarf wie mit Projekten vorzugehen ist, die durch Krisen (z.B. Lybien oder Japan, 2011) betroffen sind. Diese können je nach Vertragsgestaltung zu einer deutlichen Verschlechterung der Performance der Projektabwicklung bis hin zum Abbruch des Projekts führen. Dementsprechend würde sich die Performance der gesamten betrachteten Periode verschlechtern ohne, dass die Qualität des Gesamtprozesses sich verschlechtert hätte. Daher empfiehlt es sich betroffene Projekte in Abstimmung von der Betrachtung auszuschließen. Jedoch nur nach Abstimmung um hierbei kein Schlupfloch für schlechte Projekte aufzutun.

6.2. Kritische Betrachtung der Kennzahlen

6.2.1. Die ausgewählten Kennzahlen

Die folgenden Kennzahlen wurden im Anschluss an die Interviews aus den Kennzahlen der Vorauswahl ausgewählt und werden auf den folgenden Seiten umfassend erläutert:

- *Projektrentabilität*
- *Liquiditäts-/Cash-Flow-Prognose*
- *Contingencies*
- *Kostentreue*
- *Termintreue*
- *Varianz der Projektabwicklung*
- *Mitarbeiterfluktuation*
- *Anzahl kritischer Fehler*
- *Aufwand der Nacharbeit*
- *LTIF*
- *Angebotsqualität*
- *Kundenzufriedenheit*

Sowohl die Kundenzufriedenheit als auch die Angebotsqualität wurden im Rahmen der Interviews und der Literaturrecherche als aussagekräftige Kennzahlen genannt und beschrieben. Aufgrund ihrer Besonderheiten und Eigenschaften wurden sie aber bei der Erstellung des Kennzahlensystems nicht berücksichtigt. Dennoch werden sie angesichts ihrer Bedeutung ebenfalls ausführlich beschrieben und die Gründe, weshalb sie keine Berücksichtigung im Kennzahlensystem finden konnten, aufgeführt.

6.2.2. Die berücksichtigten Kennzahlen

Projektrentabilität

Der Gewinn den die Projekte einer spezifischen Periode erwirtschaften, ist besonders aus Sicht der Unternehmensführung ein sinnvoller Indikator für die geleistete Performance in der Projektabwicklung. Für die *Projektrentabilität* wird nicht der resultierende Gewinn, sondern der resultierende Deckungsbeitrag II der Projekte betrachtet (*Projekt-DB II = Projektumsatz – variable Kosten – projektbezogene Kosten*). Ziel ist es, Schwankungen der Kennzahl durch projektexterne Einflüsse (z.B. Investitionen oder Krisen), die den Gewinn schmälern, zu vermeiden. Die Verwendung einer Relationsgröße als Kennzahl (z.B. Verhältnis zum Umsatz oder zu den Kosten) ist erforderlich, um die Daten der unterschiedlich großen Projekte einer Periode zu einem Wert zusammenfassen und diesen wiederum mit anderen Perioden sinnvoll vergleichen zu können. Hinsichtlich der Rentabilität bieten sich der *Return on Investment* (ROI), der *Return on Capital Employed* (ROCE) und der *Return on Sales (ROS)* an.

Die Ferrostaal AG strebt im Rahmen ihrer Projekte eher kurzfristige Investments und Beteiligungen an. Dadurch ist die Verwendung des *Return on Investment* (ROI) an dieser Stelle weniger sinnvoll. Die Projekte der Ferrostaal AG werden entsprechend den Anforderungen recht unterschiedlich finanziert – durch Eigenkapital, Fremdmittel oder das Budget des Kunden. Dadurch ist die Finanzstruktur der Projekte sehr heterogen ausgeprägt und der *Return on Capital Employed* (ROCE) ebenfalls eher ungeeignet. Eine Rentabilitätskennzahl, die die finanzielle Effizienz angemessen wiedergeben kann, ist die Umsatzrendite (*Return on Sales* – ROS). Da sich der Gewinn durch weitere ungeplante Kosten verändern kann, dürfen nur abgeschlossene Projekte betrachtet werden, in denen Rückstellungen für potenzielle Garantie- oder Gewährleistungskosten schon einkalkuliert sind.

$$ROS_p = \frac{\sum_{j=1}^{n} R_j}{\sum_{j=1}^{n} S_j} * 100\%$$

ROS_p	=	Umsatzrendite aller Projekte, die in Periode p beendet wurden
R_j	=	Gewinn Projekt j
S_j	=	Umsatz Projekt j
n	=	Anzahl der Projekte in Periode p

Die betrachtete Umsatzrendite bildet sich aus den kumulierten Gewinnen der in Periode j abgeschlossenen Projekte im Verhältnis zu den kumulierten Umsätzen dieser Projekte. Die Rentabilitätsgrößen können jedoch nur einen beschränkten Rückschluss auf die Performance der Projektabwicklung liefern. Höhere Gewinne können auf unterschiedlichen Ursachen basieren, wie z.B. profitable Vertragsgestaltung, hohe Risiken, konjunkturbedingte Einflüsse und weitere Größen. Im Rahmen der Umsatzrentabilität wird auch der Anteil der erbrachten Eigenleistung vernachlässigt, der sich aber entscheidend auf die resultierende Marge auswirken kann. Ein Projekt, das hauptsächlich durch Subcontractor abgewickelt wird, bindet deutlich weniger Ressourcen, liefert aber auch bei gleichem Umsatz einen entsprechend geringeren Gewinn. Aufgrund der periodenspezifischen Betrachtung ist jedoch mit einer Glättung zu rechnen. Langfristig empfiehlt es sich, die Umsatzrendite in Relation zur Leistungstiefe und dem Anteil der Eigenleistung zu betrachten.

Liquiditäts-/ Cash-Flow-Prognose

Bedingt durch die finanziellen und zeitlichen Dimensionen des Großanlagenbaus spielen die Liquidität bzw. die Cash Flows neben den Rentabilitätsfaktoren eine entscheidende Rolle. Die Liquidität der Projekte spiegelt sich in den Zahlungsströmen, den Cash Flows, wider. Hohe finanzielle Aufwendungen und eine lange Dauer der Projektabwicklung machen es für die Generalunternehmer sehr aufwendig, das Projekt eigenständig vorzufinanzieren.[173] Grundsätzlich besteht das Ziel darin, im Projektverlauf durchgehend über einen Einzahlungsüberschuss (positiven Cash Flow) zu verfügen. Die positiven Cash Flows entstehen, wenn durch den Kunden Finanzmittel bereitgestellt werden, die erst im späteren Verlauf zur Begleichung der Rechnungen von Subunternehmen und Lieferanten genutzt werden. Negative Cash Flows führen dazu, dass der Generalunternehmer diese Liquiditätsengpässe mittels Eigenkapital oder Fremdkapital (z.B. Kredite) ausgleichen muss.

In der Arbeit von Roper/Lin wird eine Betrachtung die Liquidität über den gesamten Projektverlauf empfohlen, um eine sinnvoll Bewertung der Projektliquidität zu erhalten. Die monatlichen *Project-Status-Reports* berichten über die Cash-Flow-Veränderung der Projekte und ermöglichen damit eine Betrachtung der Liquidität im Projektverlauf.

Mittels einer reinen Liquiditätsbetrachtung lässt sich jedoch keine adäquate Aussage über die Performance der Projektabwicklung treffen. Cash Flows werden von außen vorgegeben und sind demzufolge nahezu unabhängig von der Qualität des Prozesse. Projekte mit einer hohen Liquidität können zu Verlusten führen, und umgekehrt schließen negative Cash Flows Gewinne nicht aus.[174] Die Genauigkeit mit der verschiedene Zahlungsströme prognostiziert werden spielt jedoch eine entscheidende Rolle für die Projektplanung. Eine effektive Prognose ermöglicht es, bereits im Vorfeld entsprechende Maßnahmen für die Finanzierung der jeweiligen Projektphasen treffen zu können.

---

[173] Roper/Lin, S. 2f.
[174] Roper/Lin, S. 4ff.

60

$$CF_{prog.p} = \frac{\sum_{j=1}^{n} \left(\frac{1}{t} * \sum_{i=1}^{t} \left| \frac{CF_{ist.i.j} - CF_{plan.i.j}}{CF_{plan.i.j}} \right| \right)}{n}$$

$CF_{prog.p}$ =		Prognosegenauigkeit des Zahlungsstrom der Periode p
$CF_{ist.i.j}$ =		eingetretener Zahlungsstrom des Projekts j in Teilperiode i
$CF_{plan.i.j}$ =		geplanter Zahlungsstrom des Projekts j in Teilperiode i
t	=	Zahl der betrachteten Teilperioden
n	=	Anzahl der Projekte in

Genauigkeit der Contingencies

Als *Contingencies* werden Kostenfaktoren im Rahmen des Projektbudgets bezeichnet, die für Positionen und Risiken eingeplant werden, deren Kosten nicht eindeutig prognostizierbar oder nicht bekannt sind.[175] Der geplante Anteil der *Contingencies* am Projektvolumen richtet sich nach den vom Risikomanagement erfassten Unwägbarkeiten der Projektabwicklung. Im Projektmanagement werden potenzielle Risiken und deren außerplanmäßige Kosten durch die *Contingencies* abgedeckt. Dies spielt besonders im Rahmen der Lump-Sum-Turnkey-Verpflichtungen eine entscheidende Rolle, da zusätzliche Kosten durch eingetretene Risiken nur noch über Claims oder Change Orders an den Kunden weitergereicht werden können.

Werden zu geringe *Contingencies* gebildet, führen die Kosten zu einer Verringerung des Gewinns; zu hoch gebildete *Contingencies* erhöhen hingegen die kalkulierte Marge. Aus diesem Grund werden *Contingencies* häufig als versteckte zusätzliche Gewinne gesehen. Jedoch ist zu beachten, dass zu hohe *Contingencies* langfristig die eigene Wettbewerbsfähigkeit aufgrund der zu hohen Angebotsbudgets verringern. Dementsprechend folgt diese Arbeit der Sichtweise, dass nur genau geplante *Contingencies* dem langfristigen Projekt- und Unternehmenserfolg dienen können.

Die aktuelle Höhe der *Contingencies* ist jeweils im *Project-Status-Report* der Ferrostaal AG zu finden. Jedoch kann nur die Betrachtung der Genauigkeit nach Projektabschluss adäquate Aussagen liefern, da im Projektverlauf weiter Risiken eintreten können.

$$\Delta Co_{\mu.p} = \frac{1}{n} \sum_{n} \sqrt{\left(\frac{Co_{ist.j} - Co_{plan.j}}{Co_{plan.j}} \right)^2} \ *100\%$$

$\Delta Co_{\mu.p}$ =		mittlere Abweichungen der *Contingencies* in Periode p
$Co_{plan.j}$ =		geplante *Contingencies* des Projekts j
$Co_{ist.i}$ =		benötigte *Contingencies* des Projekts j
n	=	Anzahl der Projekte in Periode p

Der Mittelwert gibt Auskunft über die durchschnittliche prozentuale Abweichung der Contingencies. Die im Rahmen der spezifischen Betrachtung aufgeführten Tendenz und

---

[175] Vgl. Zoepfl et al., S. 26f.

Streuung bieten zu dem einen tieferen Einblick. Die Streuung betrachtet die Konstanz der Abweichung der geplanten Contingencies von den benötigten Contingencies und gibt damit Aufschluss auf die Genauigkeit der Planung bzw. Stabilität des Planungsprozesses in Bezug auf die Contingencies. Die Tendenz hingegen betrachtet die durchschnittliche Neigung zur Über- oder Unterschreitung der geplanten Contingencies.

Kosten- und Termintreue

Der Grad der Einhaltung vertraglich vereinbarter Termine und Kosten stellt einen weiteren Indikator für die Effektivität und Effizienz der Projektabwicklung dar. Die Kosten- und Termintreue werden durch einen Vergleich der geplanten und der resultierenden Kosten und Termine ermittelt.

Im Rahmen von Lump-Sum-Turnkey-Projekten spielt besonders die Einhaltung der Kosten eine besondere Rolle, da die General Contractors durch die Festpreisvereinbarung das Kostenrisiko tragen. Zusätzliche Mehrkosten können nur mittels Claims und/oder Change Orders an den Kunden und/oder die Subunternehmer weitergereicht werden. Die Einhaltung der Termine wirkt sich indirekt auf die Kosten aus, denn Terminüberschreitungen können zu Vertragsstrafen, den sogenannten Pönalen, und somit zu höheren Kosten führen.

Termintreue

$$T_{plan} = T_{start} + \Delta T_{change} + \Delta T_{claim}$$

$$T_{Treue\ p} = \left[\left(\prod_{j=1}^{n} \left(\frac{T_{ist\ j} - T_{plan\ j}}{T_{plan\ j}} + 1 \right) \right)^{\frac{1}{n}} - 1 \right] * 100\%$$

n	=	Anzahl der Projekte der Periode p
$T_{Treue\ p}$ =		Termintreue der Projekte der Periode p
T_{ist}	=	resultierende Dauer
T_{plan}	=	kalkulierte Projektdauer
T_{start}	=	geplante Projektdauer zu Projektstart
T_{change}	=	Veränderung der Termine/ Projektdauer durch Change Order
T_{claim}	=	Veränderung der Termine/ Projektdauer durch Claims

Kostentreue

$$K_{plan} = K_{start} + \Delta K_{change} + \Delta K_{claim}$$

$$K_{Treue\ p} = \left[\left(\prod_{j=1}^{n} \left(\frac{K_{ist\ j} - K_{plan\ j}}{K_{plan\ j}} + 1 \right) \right)^{\frac{1}{n}} - 1 \right] * 100\%$$

n	=	Anzahl der Projekte der Periode p
$K_{Treue\ p}$=		Kostentreue in Periode p
K_{plan}	=	kalkulierte Projektkosten
K_{ist}	=	resultierende Kosten
K_{start}	=	geplante Projektkosten zu Projektstart
K_{change}=		Kostenänderung durch Change Orders
K_{claim}	=	Kostenänderung durch Claims

Bei der Betrachtung der Termin- und Kostentreue müssen die Auswirkungen von Claims und Change Order,[176] die im Laufe der Projektabwicklung durchgesetzt wurden, berücksichtigt

---

[176] Vgl. Müller (2008), S. 34ff.

werden. Diese Änderungsvereinbarungen und Anpassungsforderungen sind elementare Bestandteile des Großanlagenbaus und können einen signifikanten Einfluss auf die ursprünglich geplanten Termine und Projektkosten haben.[177] Zu hoch geplante Kosten führen vergleichbar mit den *Contingencies* zu einer kurzfristigen Steigerung der Rendite und langfristig zu einer Verschlechterung der Wettbewerbsfähigkeit. Gleiches gilt auch für die Termine, da sie sich mittelbar auf die Kosten auswirken. Die Kosten- sowie die Termintreue geben den geometrischen Mittelwert der Abweichung der resultierende Werte von den Zielwerten wieder. Aus ihrer Summe lässt sich eine prozentuale Tendenz ablesen, d.h., um wie viel Prozent der Endwert den Zielwert über- bzw. unterschreiten wird. Das geometrische Mittel wird gezielt verwendet, um vereinzelte Ausreißer gemildert zu betrachten. Die in der spezifischen Betrachtung im Anhang aufgeführte Streuung der Kostentreue bzw. Termintreue bewertet wiederum die ausgewerteten Projekte hinsichtlich ihrer Streuung um diesen Mittelwert.

Eine Über- bzw. Unterschreitung weist über die Vielzahl der Projekte der jeweiligen Periode auf ein potentielles Verbesserungspotenzial im Zusammenspiel von Planung und Abwicklung hin. Die Betrachtung der Schwankungen zwischen den Projekten hingegen weist auf die Konstanz in der Projektabwicklung hin. Neben der Kosten- und Termintreue werden in der Projektmanagement-Literatur auch die Leistungs- und Qualitätstreue als Indikatoren angeführt. Aufgrund der Schwierigkeiten, diese in den Projekten des Großanlagenbaus einheitlich zu quantifizieren bzw. zu erheben, finden sie in der vorliegenden Auswahl keine Beachtung.[178] Eine Analyse der Gewinntreue, d.h. der erzielten im Vergleich zur kalkulierten Rendite, ist durch die Betrachtung der *Contingencies* und der Kostentreue überflüssig.

Die Schwachpunkte dieser Indikatoren liegen zum einen in einer fehlenden einheitlichen Definition und Abgrenzung der resultierenden Werte und Planwerte sowie der Einbeziehung und Berücksichtigung der Claims und Change Orders. Zum anderen ermöglicht eine reine Betrachtung der Zielwerte nur wenige Rückschlüsse auf die Effizienz. Die Dimensionen Kosten, Leistung und Zeit unterliegen im Projektmanagement ständigen Wechselwirkungen und -beziehungen, die diese Kennzahlen ebenfalls nicht berücksichtigen.

---

[177] Vgl. Müller (2008), S. 55ff.
[178] Vgl. Burghardt (2008), S. 364ff.

Varianz der Projektabwicklung

Die Varianz bildet die im Verlauf der Projektdurchführung auftretenden Abweichungen und Schwankungen der resultierenden Kosten und Termine von den geplanten bzw. prognostizierten Werten ab. Eine kombinierte Betrachtung der Kosten- und Termintreue und der Varianz ermöglicht einen umfassenden Überblick hinsichtlich der Effizienz und Effektivität der Projektentwicklung und -durchführung. Eine von Roper/Lin durchgeführte Studie im Construction Sektor verdeutlicht, dass Schwankungen im Projektverlauf einen für den Projekterfolg relevanten Mehraufwand verursachen.[179] Eine reine Fokussierung auf die Einhaltung der Endresultate vernachlässigt die Betrachtung der Prozesseffizienz. Aus der alleinigen Erhebung der Kosten- und Termintreue lassen sich keine Rückschlüsse auf die Stabilität des Prozesses der Projektdurchführung ziehen, auf der anderen Seite spielt bei der Betrachtung der Varianz die Einhaltung des geplanten Endwertes eine untergeordnete Rolle.

Die hohen Kosten und die lange Dauer der Projekte des Großanlagenbaus wirken sich verstärkend auf die Folgen der Prozessschwankungen für das Projektergebnis aus. Abweichungen und Schwankungen im Prozessverlauf lassen sich nicht generell abstellen, sie sollten sich aber zumindest innerhalb einer festgelegten Toleranzgrenze bewegen. Eine frühzeitige Erfassung der Abweichungen und eine damit einhergehende zeitnahe Einleitung von angebrachten Maßnahmen können die Schwankungen zumindest verringern und dabei helfen, diese zu kontrollieren. Die verschiedenen Toleranzüberschreitungen lassen sich im Nachhinein im Hinblick auf ihre Ursachen analysieren.

$$\sigma_P = \sqrt{\sigma_{T_P}^2 + \sigma_{K_P}^2}$$

$$\sigma_{T_P} = \sqrt{\frac{1}{n-1}\sum_{j=1}^{n}\left(\frac{1}{t-1}\sum_{i=1}^{t}(\frac{T_{ist_{i,j}} - T_{plan_{i,j}}}{T_{plan_{i,j}}})^2\right)}$$

$$\sigma_{K_P} = \sqrt{\frac{1}{n-1}\sum_{j=1}^{n}\left(\frac{1}{t-1}\sum_{i=1}^{t}(\frac{K_{ist_{i,j}} - K_{plan_{i,j}}}{K_{plan_{i,j}}})^2\right)}$$

σ_P	=	Streuung in der Periode p
i	=	Teilperiode i
t	=	Zahl der betrachteten Teilperioden des Projekts
j	=	Projekt j
n	=	Anzahl der betrachteten Projekte
σ_T	=	Streuung der Termineinhaltung
T_{ist}	=	resultierende Terminsituation des Projekts j zum Zeitpunkt i
T_{plan}	=	kalkulierte Terminsituation des Projekts j zum Zeitpunkt i
σ_K	=	Streuung der Kosteneinhaltung
K_{plan}	=	kalkulierte Projektkosten des Projekts j zum Zeitpunkt i
K_{ist}	=	resultierende Projektkosten des Projekts j zum Zeitpunkt i

Die betrachteten Schwankungen der Kosten- und Terminwerte lassen sich über die im *Project Status Report* der Ferrostaal AG berichteten Plan- und Ist-Werte ermitteln. Bedingt durch die Korrelation zwischen den Kosten und der Zeit in der Projektdurchführung ist es nicht

---

[179] Vgl. Roper/Lin, S. 6ff.

zielführend, die einzelnen Varianzen zur Betrachtung heranzuziehen. Entsprechend dem „magischen Dreieck" müsste in diese Bewertung auch die Schwankung der erbrachten Leistung im Projektverlauf berücksichtigt werden. Die Schwankung der erbrachten Leistung lässt sich zum einen durch das Verhältnis der geplanten und geleisteten Mannstunden erheben, die jedoch mehr den Aufwand als die erbrachte Leistung betrachten, und zum anderen aus der Differenz der *geplanten Gesamtleistung* und den *noch zu erbringenden Leistungen*.[180] Beide Varianten führen nur bedingt zu aussagekräftigen Ergebnissen, daher wird im Rahmen der vorliegenden Arbeit auf die Betrachtung der Leistung verzichtet.

Im Rahmen der Auswertung der Varianz sind verschiedene Aspekte zu berücksichtigen. Eine hohe Varianz führt nicht zwingend zu einer schlechten Termin- und/oder Kostentreue und damit geringen Effektivität, sondern sie ist ein Indikator für eine geringe Effizienz. Die Vernachlässigung der Schwankung der erbrachten Leistungen kann zu einer Verfälschung der Aussage führen. Eine Vernachlässigung der Leistung/Qualität zu Gunsten der Projektkosten und Zeit würde trotz hoher Abweichungen im Bereich der Leistung eine geringe Varianz aufweisen. Diese Abweichung ließe sich aber teilweise im *Aufwand der Nacharbeit* ablesen.

Ein weiterer Schwachpunkt besteht in der Erfassung. Entgegen den Verfahrensanweisungen werden in einzelnen Projekten Kosten- oder Terminabweichungen erst dann gebucht, wenn die entsprechenden ausgleichenden Claims oder Change Orders durchgesetzt wurden, oder sie werden ganz einfach erst zum Projektende mit eintretender Überschreitung gebucht. Dementsprechend ist die Varianz der Kosten und Terminabweichung in diesen Projekten recht gering und möglicherweise sogar besser als bei Projektteams, die regelkonform versuchen, ihre Projekte auf Kurs zuhalten. Entsprechende Verfahrensanweisungen sind bereits implementiert, jedoch ist bei der Umsetzung in die Praxis aufgrund der langen Projektzyklen eine deutliche Verzögerung hinzunehmen.

Mitarbeiterfluktuation

Die Mitarbeiterfluktuation wird in den unterschiedlichsten Quellen als aussagekräftiger Indikator für die Performance der Projektabwicklung genannt. Diese Aussage spiegelte sich auch in den Interviews wider. Die Fluktuation kann verschiedene Ursachen haben und ebenso unterschiedliche Auswirkungen auf das Projekt mit sich bringen.

Die *Mitarbeiterfluktuation* spiegelt sich im Verhältnis aus ungeplanten Mitarbeiterabgängen zur Gesamtzahl der Mitarbeiter des Projektteams wider. Diese Abgänge oder Wechsel können

---

[180] Entsprechend der Earned Value Analyse

auf Bestreben der Mitarbeiter oder auf Bestrebungen von außen, z.B. auf dem Wunsch des Kunden oder personellem Unvermögen, beruhen.[181] Eine erhöhte Fluktuation, besonders der Führungsebenen, führt zu Performanceeinbußen durch Informationsverluste sowie einen erhöhten Aufwand infolge der Einarbeitung und der erschwerten Termineinhaltung.[182] Im Endresultat kann ein Austausch jedoch auch positive Folgen haben, z.B. wenn ihm ein personelles Unvermögen zugrunde liegt.

Ein Ziel der Projektplanung ist es, bereits zu Beginn die richtigen Führungskräfte für die entsprechenden Projektteams auszuwählen. Eine erhöhte *Mitarbeiterfluktuation* deutet auf Probleme in der Zusammenarbeit im Team, des Subunternehmers mit dem Kunden oder auf personelles Unvermögen oder schlechte Planung hin, wenn Mitarbeiter für andere Projekte abgezogen werden. In jedem Fall besteht ein entsprechendes Verbesserungspotenzial, wobei die *Mitarbeiterfluktuation* als Kennzahl keine Aussage darüber treffen kann, wo diese Potenziale liegen. Durch die Betrachtung eines ungewichteten Mittelwertes soll die Verfälschung der Aussage durch sehr große Projekte vermieden werden.

$$\omega_p = \frac{\sum_{i=1}^{n} \frac{\delta_{M_j}}{M_j}}{n} * 100\%$$

ω_p	=	Mitarbeiterfluktuation Periode p
δ_{Mi}	=	Zahl der ungeplanten Mitarbeiterabgänge des Projektteams im Projekt j
M_j	=	Anzahl der Mitarbeiter des Projektteams im Projekt j
n	=	Anzahl der Projekt in der Periode p

Eine gewisse Fluktuation lässt sich in den Projekten nie ausschließen. Gesundheitliche, persönliche oder andere Gründe können immer wieder zu einem Wechsel einzelner Mitarbeiter führen. Jedoch ist eine langfristig niedrige Fluktuationsrate ein sinnvoller Indikator für die Stabilität im Projekt und damit auch für die Qualität der Projektplanung und -abwicklung.

Ein Nachteil in der Umsetzung besteht darin, dass Projektstellen, die vorgesehen sind, zum Projektbeginn noch nicht besetzt sind oder wurden. Die Auswertung dieser Kennzahl erfordert dementsprechend vorerst eine manuelle Auswertung der verschiedenen Abgänge in den Projekten. Eine weitere Schwachstelle betrifft die fehlende Definition, welcher Abgang als ungeplant gilt. Sinnvollerweise ist ein Abgang dann als ungeplant einzuschätzen, wenn ein und dieselbe Funktion nach dem Weggang des Mitarbeiters, der sie bislang ausgeführt hat, durch einen anderes Teammitglied oder einen neuen Mitarbeiter ausgeführt wird.

---

[181] Vgl. Parker (2005), S. 6ff.
[182] Vgl. Parker (2005), S. 15.

Anzahl kritischer Fehler

Als Fehler wird im Regelwerk der Ferrostaal ein Verstoß gegen festgelegte oder vereinbarte Standards, Verfahrensanweisungen oder Vertragsvereinbarungen bezeichnet, daher auch die Bezeichnung *Non Conformity*. Als kritischer Fehler wird dabei ein Non Conformity bezeichnet, der die Sicherheit der Mitarbeiter, der Anlage, der Maschinen und/oder der Umwelt in umfangreichem Maße gefährdet oder in besonderem Maße gegen geforderte Qualitätsmerkmale verstößt.

Das Auftreten von Fehlern lässt sich im Großanlagenbau angesichts der Vielzahl an Subunternehmern und der Dimension der Projekte nicht durchgehend vermeiden. Durch Qualitätssicherungs- und Qualitätskontrollmaßnahmen in der Planung, dem Engineering und auf den Baustellen sollen die Fehler verringert und im Falle ihres Auftretens beseitigt werden. Die aufgetretenen Fehler werden je nach Dringlichkeit in einer Art Mängelliste, der *Punchlist*, gesammelt. Kritische bzw. dringend abzustellende Fehler werden in einzelnen, verbindlichen Reports festgehalten. Die Fehler werden in den *Non Conformity Reports* gemäß ihrer Schwere in drei Kategorien eingeteilt, die sich wiederum in ihrer Auswirkung auf Qualität, Sicherheit und Umwelt gliedern.

Auch wenn sich Fehler im Allgemeinen nicht unterbinden lassen, so sollten zumindest die kritischen Fehler frühzeitig erkannt und vermieden werden. Dementsprechend sollten die *Non Conformity Reports mit Fehlern Level 3* so gering wie möglich gehalten werden. Eine Vermeidung der kritischen Fehler führt zu einer Senkung der Kosten der Nacharbeit und einer Verbesserung der Sicherheit auf der Baustelle.

$$NCR_p = \frac{\sum_{j=1}^{n} N_{NCR.j}}{\sum_{j=1}^{n} S_j} * 10^6$$

NCR_p	=	Index Anzahl der *Non Conformity Reports Level 3* in Periode *p*
$N_{NCR\,j}$	=	Anzahl *Non Conformity Reports Level 3* im Projekt *j*
S_i	=	Umsatz Projekt *j*

Zum aktuellen Zeitpunkt werden die kritischen Fehler von Projekt zu Projekt sehr unterschiedlich erfasst und klassifiziert. Dabei weichen nicht nur die Kriterien, sondern auch die Anzahl der Fehlerklassen voneinander ab. Für die sinnvolle Betrachtung der kritischen Fehler ist eine einheitliche Definition der Klassifizierung notwendig.[183]

---

[183] Die Klassifizierung in 2 oder 3 Klassen sorgt bei gleichen Grundgesamtheiten schon für unterschiedliche Aussagen. Ausgehend von einer Gleichverteilung werden bei 2 Klassen 50% und bei 3 Klassen 33% bzw.66% als kritisch eingestuft.

Die entsprechende Verfahrens- und Arbeitsanweisung für die *Non Conformity Reports* wird erst mit Fertigstellung dieser Arbeit implementiert, und deren durchgehende Umsetzung in der Praxis benötigt, bedingt durch die Projektzyklen, einige Zeit.

Aufwand Nacharbeit

Die im Projekt anfallenden qualitätsbezogenen Kosten setzen sich aus Präventivkosten, Prüfkosten sowie den internen und externen Fehlerkosten zusammen.[184] In der Literatur sind unterschiedliche Ansätze hinsichtlich ihrer Gewichtungen für die qualitätsbezogenen Kosten sowie ihrer Definitionen und der Zusammensetzung zu finden.[185] Durchgehende Einigkeit herrscht zumindest in dem Punkt, dass sich die Kosten der Fehlerbeseitigung von Stufe zu Stufe[186] vervielfachen. Entsprechend diesem Ansatz sind besonders die externen und internen Fehlerkosten zu minimieren, wobei zu beachten ist, dass sich im selben Zuge die Präventiv- und Prüfkosten erhöhen. Unter der Annahme, dass die Präventiv- und Prüfkosten exponentiell ansteigen, wird ersichtlich, dass ein Null-Fehler-Ansatz wirtschaftlich nicht vertretbar ist. Dementsprechend gilt es, eine obere Toleranzgrenze für die Kosten der internen und externen Fehlerbeseitigung festzulegen.

Die Schwachstellen der Fehlerkostenbetrachtung finden sich neben der für die Erhebung notwendigen Abgrenzung der Fehlertypen auch in der nicht konsequenten Erfassung von Fehlern und Mängeln besonders bei kleineren Fehlern wieder. Einzig die externen, beim Kunden aufgetretenen Fehler lassen sich über den resultierenden Aufwand der Nacharbeit erfassen. Bei der Ferrostaal AG werden für die erforderliche Nacharbeit Rückstellungen gebildet über die sich die externen Fehlerkosten erheben lassen.

$$K_{NA\,p} = \frac{1}{n} * \sum_{j=1}^{n} \frac{F_j}{S_j}$$

K_{NA} = Anteil der Rückstellungen für Nacharbeit in Periode p

F_j = Rückstellung für Nacharbeit im Projekt j

S_j = Umsatz im Projekt j

Zu beachten ist, dass bei kleineren Nacharbeiten – auch auf Grund fehlender Regelungen – eher selten Rückstellungen gebildet werden. Diese Kennzahl verzichtet auch auf die Erfassung der internen Fehlerkosten, da die diese in den Projektberichten unterschiedlich konsequent erfasst werden. Neben der Erfassung der internen und externen Fehlerkosten wäre auch eine Erhebung der Präventivkosten empfehlenswert. Diesbezüglich besteht jedoch die Schwierigkeit in der genauen Abgrenzung und Definition dieses Wertes.

---

[184] Vgl. Willis&Willis (1996), S. 40f.
[185] vgl GPM (2009), S. 270ff; Vaxevanidis (2009), S. 28ff; Love &Zahir (2003), S. 650f.
[186] Präventivkosten → Prüfkosten → interne Fehlerkosten → externe Fehlerkosten

Lost Time Injured Frequency (LTIF)

Die Arbeitssicherheit auf den Baustellen und Standorten ist ein wichtiger Bestandteil der operativen Projektabwicklung. Eine angemessene Arbeitssicherheit wird von den unterschiedlichsten *Stakeholdern* erwartet und kann sich dementsprechend negativ auf den Erfolg eines Projektes auswirken. Vorfälle beeinträchtigen die Kunden-, Mitarbeiter- und Lieferantenzufriedenheit, sie können aber auch zu Baustopp oder Stilllegung führen. Die Arbeitssicherheit ist daher entsprechend den internationalen Normen und Standards[187] auszurichten.

Bei der Ferrostaal AG sollen klare, eindeutige sowie jedermann zugängliche Regeln und Anweisungen eine sichere Arbeitsatmosphäre schaffen. Die Arbeitssicherheit wird mit einer Vielzahl an Kennzahlen ermittelt, wie z.B. die Erfassung der *Zahl der HSE-Trainings und Schulungen* oder der *Zahl der Erste-Hilfe-Einsätze*. Diese Kennzahlen erlauben es jedoch nicht, eine direkte Aussage über die Arbeitssicherheit als solche zu treffen. Hierfür hat sich international die *Lost Time Injured Frequency (LTIF)* durchgesetzt. Sie bestimmt die Anzahl der Unfälle je eine Million Arbeitsstunden. Als Unfall werden entsprechend der internationalen Definition Vorfälle gewertet, die mindestens einen Ausfalltag zur Folge haben (die deutsche Berufsgenossenschaft berücksichtigt Unfälle erst ab drei Ausfalltagen).

$$LTIF = \frac{n_{Unfälle\ j}}{n_{h.j}} * 1.000.000$$

$n_{Unfälle}$ = Anzahl der Unfälle in Periode *j* mit mehr als einem Ausfalltag

$n_{h.j}$ = Anzahl der in Periode *j* geleisteten Arbeitsstunden

Die Kennzahl LTIF gibt als Unfallquote einen sinnvollen Überblick auf die Sicherheit in den Projekten wieder. Sie ist jedoch begrenzt auf die gemeldeten Unfälle und kann das Unfallrisiko nur ex post, also nach dem Auftreten eines Unfalls, erfassen. Sinnvoll wäre demgegenüber die *Zahl der Beinahe-Unfälle*, da eine steigende Zahl an Beinahe-Unfällen auch bei nicht eingetretenen Unfällen ein steigendes Risiko signalisiert. Die Verwendung dieser Kennzahl scheitert jedoch an der Definition dessen, was als Beinahe-Unfall anzusehen ist, besteht doch Unklarheit darüber, ab wann eine Situation als solcher zu werten ist und wer diese wo erfassen soll. Mit der Klärung dieser Definition würde sich die *Zahl der Beinahe-Unfälle* als sinnvoller Präventivindikator der Arbeitssicherheit anbieten.

---

[187] Z.B. OHSAS 18001, BS 18001.

6.2.3. Nicht berücksichtigte Kennzahlen

Die *Kundenzufriedenheit* und die *Angebotsqualität* konnten trotz ihrer Bedeutung für die Betrachtung der Performance einer Projektabwicklung nicht als Kennzahlen für das entwickelte Kennzahlensystem berücksichtigt werden. Die Gründe hierfür werden im auf den folgenden Seiten erläutert.

Kundenzufriedenheit

Die Zufriedenheit der Kunden stellt branchenübergreifend einen der wichtigsten Indikatoren für die Ergebnis- und Prozessqualität dar. Kundenzufriedenheit wird in der Literatur gleichgesetzt mit der Einhaltung von vereinbarten Werten der Qualität, Kosten und Zeit.[188] Die besondere Herausforderung stellt sich jedoch mit der Erhebung dieses Wertes. Die Kundenzufriedenheit lässt sich sowohl objektiv über Kennwerte und Indikatoren als auch subjektiv über Befragungen und Einschätzungen ermitteln. Die Erfassung der Kennzahl kann je nach Erhebung im Verlauf oder im Anschluss an das Projekt durchgeführt werden.

Die Eigenheiten des Großanlagenbaus spiegeln sich auch in der Erfassung und Bedeutung der Kundenzufriedenheit wider. Während in anderen Branchen bedingt durch potenzielle Folgeaufträge die Kundentreue einen wichtigen Faktor darstellt, kommt diesem Merkmal im Großanlagenbau wenig Bedeutung zu: Aufgrund des besonderen Umfangs und der Einmaligkeit der Projekte kommt es eher selten zu Folgeprojekten. Dementsprechend wird die größte Bedeutung im Rahmen der Kundenzufriedenheit im Großanlagenbau der Reputation im zugesprochen.[189]

Eine subjektive Erhebung der Kundenzufriedenheit wird bei der Ferrostaal AG bereits durch die jeweiligen Projektleiter durchgeführt und unter anderem im *Project Status Report* wiedergegeben. Diese subjektive Erhebung ist aber ebenso mit Vorsicht zu genießen wie die Verwendung von direkten Kundenbefragungen zur Ermittlung ihrer Zufriedenheit. Die Ergebnisse der direkten Befragung hängen zum einen davon ab, wer befragt werden soll (z.B. Projektverantwortlicher oder Manager) und zum anderen welche verhandlungspolitischen Motive der Befragte durch seine Antworten verfolgt (z.B. Durchsetzung weiterer Claims etc.). Die objektive Erhebung der Kundenzufriedenheit gestaltet sich hingegen deutlich komplexer und ermöglicht nur beschränkte Rückschlüsse auf die Kundenzufriedenheit. Diese Rückschlüsse werden anhand einzelner spezifischer Aspekte der Projektabwicklung erhoben,

---

[188] Vgl. KPI Group (2000), S. 7f; Fiedler (2010).
[189] Vgl. Kärna (2009), S. 89ff.

70

welche über Einfluss auf die Kundenzufriedenheit verfügen (z.B. Einhaltung der Kosten-, Leistungs- und Termintreue oder der Qualitätsanforderungen).

Ein aussagekräftiger Kennwert der Kundenzufriedenheit sollte sich demzufolge sowohl aus subjektiven als auch aus objektiven Indikatoren zusammensetzten.[190] Im Rahmen der subjektiven Erhebung durch den Projektleiter ist von einer Verfälschung entsprechend seiner persönlichen Interessen und Motive auszugehen. Angepasste Entlohnungssysteme könnten für eine wahrheitsgemäße Berichterstattung sorgen.[191] Dementsprechend ist eine Befragung durch eine erfahrene neutrale Person, z.B. in einer Projektabschlussbesprechung, durchzuführen. Befragt werden sollte sowohl der entsprechende Manager als auch der Projektleiter, um technische und wirtschaftliche Aspekte zu berücksichtigen. Die Erfahrung und Neutralität sind erforderlich, um die vertragspolitischen Motive (z.B. weil der Kunde noch Claims setzen möchte) aus der Bewertung soweit wie möglich ausschließen zu können. Für eine anschließende projektübergreifende Auswertbarkeit sind diese Befragungen anhand eines Leitfadens und festgelegter Kriterien zu führen. Eine solche Befragung wird aktuell nicht durchgehend in den Projekten angewandt, ist jedoch für eine aussagekräftige Erhebung von großer Bedeutung. In Kombination mit den objektiven Indikatoren ließe sich dadurch eine wichtige Kennzahl für die Bewertung des Prozesses der Projektentwicklung und -durchführung erheben.

Da die entsprechenden Rahmenbedingungen für die Erhebung der Kundenzufrieden nicht gegeben sind, kann diese nicht im Kennzahlensystem berücksichtigt werden.

Angebotsqualität

Bereits in der Angebotsphase fallen für die Planung und Erstellung der Angebote Kosten an, die nicht zu vernachlässigen sind. Bedingt durch die Größe der finalen Projekte können bereits die Aufwendungen für ein entsprechendes Angebot einen sechsstelligen Betrag erreichen, ohne dass diese Aufwendungen einen Zuschlag für die Durchführung des Angebots garantieren.

Die Betrachtung der Erfolgsquote der Angebote gibt Aufschluss über deren Qualität, auch im Vergleich zum Wettbewerb. Die Erfolgsquote lässt sich durch die *Zuschlagsquote* darstellen, die das Verhältnis aus abgegebenen Angeboten zu den erhaltenen Zuschlägen wiedergibt. Die Schwäche dieses Indikators liegt zum einen im Einfluss externer Faktoren wie die Anzahl und

---

[190] Vgl. Kärna (2009), S. 91ff, Homburg (2006), S. 60ff.
[191] z.B. Entlohnung nach dem Osband Riechelstein Schema etc.

Qualität der Wettbewerber oder die Attraktivität und das Risiko der Projekte mit ein beeinflusst und zum anderen in der Vernachlässigung von Projekten, die an den internen Hürden (z.B. Bid / No Bid oder MPA) gescheitert sind, aber trotzdem Kosten verursachen bzw. Ressourcen binden.

Eine andere Möglichkeit, die Qualität der Angebote zu betrachten, bietet sich durch die Betrachtung des Verhältnisses zwischen den kumulierten Angebotskosten einer Periode und dem daraus resultierenden Umsatz. Dieser Indikator erfasst dabei die Kosten der abgegebenen sowie der intern gestoppten Projektvorschläge und Angebote. Diese Betrachtung ermöglicht eine Analyse der Entwicklung des monetären Aufwands zur Umsatzgenerierung. Dieser Indikator der *Angebotsqualität* vernachlässigt jedoch den resultierenden Gewinn und die Attraktivität des Projekts, wobei diese Faktoren näheren Aufschluss über die Wettbewerbsfähigkeit der eigenen Angebote liefern könnten. Projekte mit niedriger Marge oder geringer Attraktivität lassen weniger Angebote der Wettbewerber erwarten als attraktive Projekte.

Im Gegensatz zu den anderen Kennzahlen betrachtet die Angebotsqualität nicht das Projektende. Den verschiedenen Perioden werden alle Projekte zugeordnet, deren Projektstart der *Proposal Check 1* innerhalb des entsprechenden Zeitraumes liegt. Grundsätzlich geht es im Rahmen der Angebotsqualität um ein optimales Verhältnis aus Angebotskosten und Umsatz und somit nicht um einen minimalen oder maximalen Wert. Dieses Optimum ist jedoch noch nicht bekannt und muss für eine zukünftige Betrachtung erst ermittelt werden. Aufgrund des fehlenden Zielwertes und der Ausrichtung am Projektstart wird die Angebotsqualität nicht für das hier erarbeitete Kennzahlensystem berücksichtigt werden.

7. Zusammenfassung und Fazit

Das ermittelte Kennzahlensystem (siehe Datenblatt Anhang S.1-3) und die ihm zugrunde liegenden Kennzahlen zielen grundlegend darauf ab, die Performance des Projektabwicklungs-Prozesses im Großanlagenbau zu quantifizieren und mittels dieser Werte Rückschlüsse auf die Prozessqualität und ihre Entwicklung zu ermöglichen. Dabei beziehen sich die betrachteten Werte auf grundlegende Merkmale der Projektabwicklung im Großanlagenbau. Die periodenweise Betrachtung ermöglicht die Abbildung der Performance des Projektabwicklungsprozesses innerhalb eines Kennzahlensystems unabhängig von Projekttypen und Projektdimensionen. Als Performance wird dabei die Effizienz und/oder Effektivität der Projektabwicklung verstanden.

Die im Rahmen der Literaturrecherche vorgenommene Erweiterung des Fokus auf Kennzahlen und Kennzahlensysteme des Projektmanagements und der Bauindustrie schafft für den späteren Auswahlprozess einen - im Vergleich zu den spärlich verfügbaren Kennzahlensammlungen im Bereich Großanlagenbau - umfangreichen Pool potentieller Kennzahlen. Die schrittweise Konkretisierung und Selektion der Kennzahlen entsprechend der verschiedenen Auswahlkriterien stellt die Eignung der Kennzahlen für das geplante Aufgabenfeld sicher. Der letzte Auswahlschritt zielt dabei im Besonderen darauf ab, das spezifische Fachwissen und die operativen Erfahrungen der Mitarbeiter der Ferrostaal AG in die finale Auswahl und Gestaltung des Systems einfließen zu lassen.

Der Verzicht auf einzelne Spitzenkennzahlen und auf rechenoperative Verknüpfungen zwischen den Kennzahlen ermöglichen es, die Performance im System weitreichend abzubilden, dabei aber durch die Fokussierung auf zehn Kennzahlen die Übersichtlichkeit zu wahren. Die einzelnen Kennzahlen fungieren jedoch nur als Indikatoren, die einzelne Bereiche der Effizienz und/oder Effektivität der Projektabwicklung widerspiegeln. Die Betrachtung und der Vergleich aktueller und vorangegangener Perioden im Kennzahlensystem erlauben die Bewertung der Entwicklung der Prozessqualität in der Projektabwicklung. Mittels dieser weitreichenden Quantifizierung lassen sich die Auswirkungen und Wechselwirkungen gezielter Maßnahmen in den Prozessen und Teilprozessen auf die Qualität des Gesamtprozesses erfassen und bewerten.

Im Verlauf der Arbeit hat sich eine Diskrepanz zwischen dem einheitlichen administrativen Regelwerk und seiner derzeit nicht durchgängigen Umsetzung in der Praxis als besondere Hürde für die Implementierung und Umsetzung des Kennzahlensystems ergeben. In den letzten Jahren wurde im Rahmen der Initiative *pacer* ein unternehmensweit einheitliches Regelwerk in Form von Organisations-, Verfahrens- und Arbeitsanweisungen geschaffen. Dieses wird jedoch punktuell immer wieder im Bereich der operativen Projektabwicklung durch die über die Jahre eingeschliffenen Routinen individueller Vorgehensweisen durchbrochen. Die einheitliche und durchgängige Durchsetzung des Regelwerks wird unter anderem auch durch die langen Projektlaufzeiten erschwert, da in einem einmal begonnenen Projekt die aufgestellten Regeln nicht mehr verändert werden sollten.

Die Standardisierung der Vorgehensweisen ist jedoch entscheidend für die erfolgreiche Umsetzung eines projekt- und prozessübergreifenden Kennzahlensystems. Die Abweichung der operativen Projektabwicklung vom einheitlichen Regelwerk führt zu einer zwischen den einzelnen Projekten teilweise abweichenden Erhebung und Abgrenzung der spezifischen Messwerte und Indikatoren. Trotz der Akzeptanz dieses Kennzahlensystems auf der operativen Ebene ist eine sinnvolle Verwendung des Systems erst mit einer durchgehend einheitlichen Umsetzung des Regelwerks möglich. Im Rahmen der ersten Erhebungen sind die im Datenblatt des Kennzahlensystems vorgeschlagenen Toleranzgrenzen und Zielwerte entsprechend der beobachteten Messwerte gegebenenfalls anzupassen.

Das finale Kennzahlensystem bietet dem Großanlagenbau und im speziellen der Ferrostaal AG die Möglichkeit einer umfassenden Betrachtung der Performance der eigenen Prozesse. Es ermöglicht auf diesem Wege eine Bewertung der Prozessqualität und ihrer Entwicklung. Die Quantifizierung der Effizienz und Effektivität der Projektabwicklung schafft die numerische Basis für einen kontinuierlichen Verbesserungsprozess. Ein grundlegender Schwachpunkt dieses Ansatzes findet sich dabei in der langen Dauer der einzelnen Betrachtungszeiträume und der daraus resultierenden Verzögerungen im Rahmen von Betrachtungen hinsichtlich der Entwicklung der Prozessqualität. Die Analyse und Bewertung der Auswirkungen spezifischer Maßnahmen kann zum Teil erst nach Jahren erfolgen, was den Nutzen beim Einsatz dieses Kennzahlensystems deutlich schmälert.

8. Anhang

8.1. Datenblatt des Kennzahlensystems

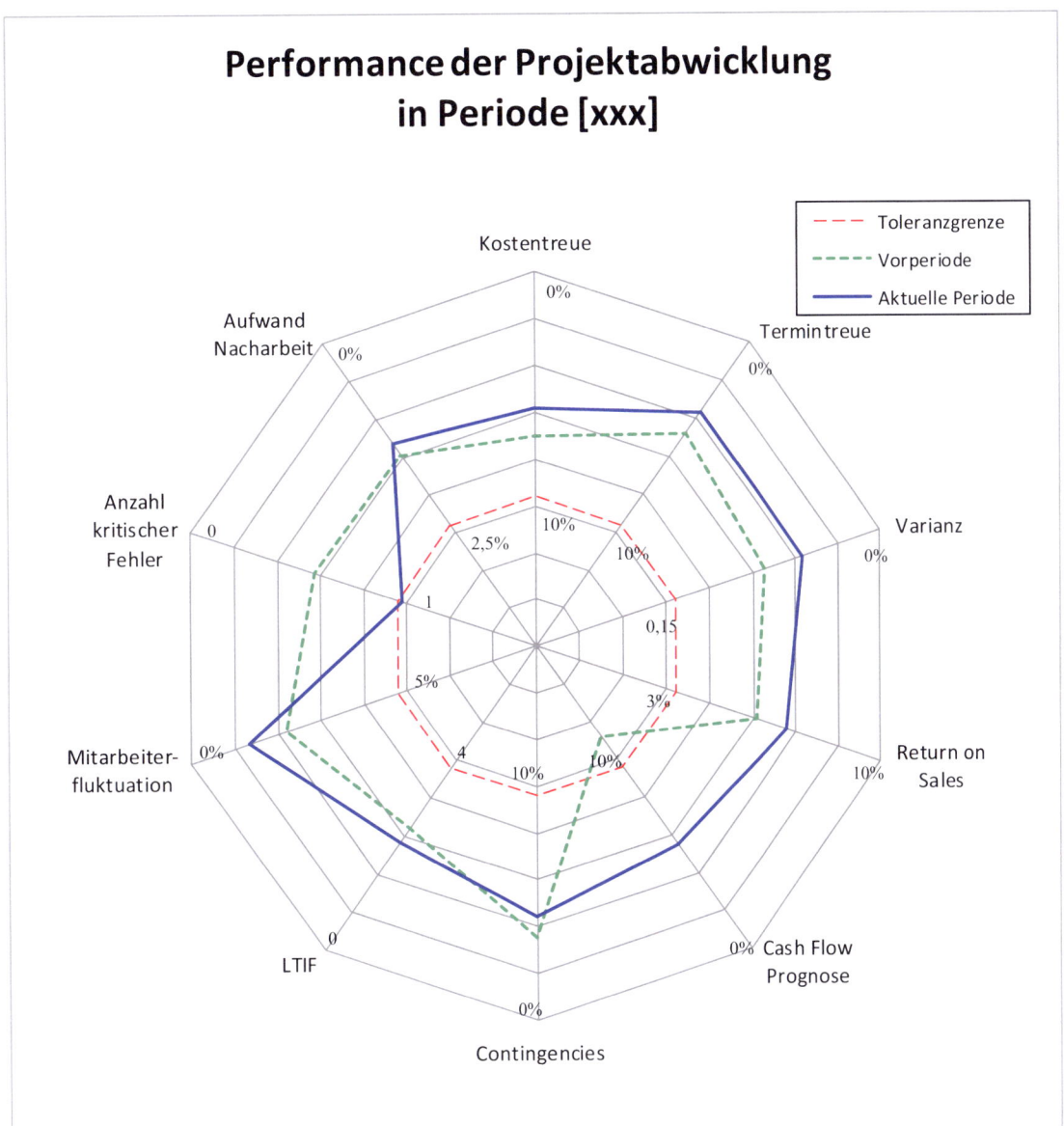

Abbildung 14: Netzplandiagramm des Kennzahlensystems*

*Bei den abgebildeten Perioden und Toleranzgrenzen handelt es sich um prognostizierte Werte, die entsprechend nach einer ersten Erhebung angepasst werden müssen.

Tabelle 8: Berechnung und Beschränkung der Kennzahlen

Kennzahl	Berechnung	Toleranz-grenze	Zielwert
Kostentreue	$K_{Treue\ p} = \left[\left(\prod_{j=1}^{n} (\frac{K_{ist\ j} - K_{plan\ j}}{K_{plan\ j}} + 1) \right)^{\frac{1}{n}} - 1 \right] * 100\%$	$T_{oben} = 10\%$	$K_{Treue\ p} => 0\%$
Termintreue	$T_{Treue\ p} = \left[\left(\prod_{j=1}^{n} (\frac{T_{ist\ j} - T_{plan\ j}}{T_{plan\ j}} + 1) \right)^{\frac{1}{n}} - 1 \right] * 100\%$	$T_{oben} = 10\%$	$T_{Treue\ p} => 0\%$
Varianz	$\sigma_P = \sqrt{\sigma_{T_P}^2 + \sigma_{K_P}^2}$ Für σ_T, σ_K siehe Formeln auf S. 64.	$T_{oben} = 0,15$	$\sigma_P => 0$
Return on Sales	$ROS_p = \dfrac{\sum_{j=1}^{n} Rj}{\sum_{j=1}^{n} Sj} * 100\%$	$T_{unten} = 5\%$	$ROS > 10\%$
Cash Flow Prognose	$CF_{prog\ .p} = \dfrac{\sum_{j=1}^{n} \left(\frac{1}{t} * \sum_{i=1}^{t} \left\| \frac{CF_{ist\ .i.j} - CF_{plan\ .i.j}}{CF_{plan\ .i.j}} \right\| \right)}{n} * 100\%$	$T_{oben} = 10\%$	$CF_{prog} => 0$
Contingencies	$\Delta C_{\mu. p} = \dfrac{1}{n} \sum_n \sqrt{(\frac{C_{ist.j} - C_{plan.j}}{C_{plan.j}})^2} * 100\%$	$T_{oben} = 10\%$	$\Delta C_{\mu. p} => 0$
Mitarbeiter-Fluktuation	$\omega_p = \dfrac{\sum_{i=1}^{n} \frac{\delta_{M_j}}{M_j}}{n} * 100\%$	$T_{oben} = 5\%$	$\omega_p => 0$
LTIF	$LTIF = \dfrac{n_{Unfälle\ j}}{n_{h.j}} * 1.000.000$	$T_{oben} = 4$	$LTIF => 0$
Anzahl der kritischen Fehler	$NCR_p = \dfrac{\sum_{j=1}^{n} N_{NCR.j}}{\sum_{j=1}^{n} S_j} * 1.000.000$	$T_{oben} = 1$	$NCR_p => 0$
Aufwand der Nacharbeit	$K_{NA\ p} = (\frac{1}{n} * \sum_{j=1}^{n} \frac{R_j}{S_j}) * 100\%$	$T_{oben} = 2,5\%$	$K_{NA\ p} => 0$

Spezifische Betrachtung der Contingencies

$$\sigma_{C_P} = \sqrt{\frac{1}{n-1}\sum_{j=1}^{n}\left(\frac{(Co_{ist.j} - Co_{plan.j} * (1 + T.Co_{\mu\,p}))}{Co_{plan.j} * (1 + T.Co_{\mu\,p})}\right)^2}$$

$$T.Co_{\mu.\,p} = \frac{1}{n}\sum_{n}\left(\frac{Co_{ist.j} - Co_{plan.j}}{Co_{plan.j}}\right)$$

$\sigma_{.C\,p}$	$=$	Streuung der *Contingencies*
$Co_{plan.j}$	$=$	geplante *Contingencies* des Projekts *j*
$Co_{ist.i}$	$=$	benötigte *Contingencies* des Projekts *j*
n	$=$	Anzahl der Projekte der Periode *p*
$T.Co_{\mu.}$	$=$	Tendenz der Abweichung

Spezifische Betrachtung der Kostentreue

$$K_{plan} = K_{start} + \Delta K_{change} + \Delta K_{claim}$$

$$\sigma_{K\,p} = \sqrt{\frac{1}{n}\sum_{j=1}^{n}\left(\frac{(1 + K_{treue\,p}) * K_{plan\,j} - K_{ist\,j}}{(1 + K_{treue\,p}) * K_{plan\,j}}\right)^2}$$

n	$=$	Anzahl der Projekte der Periode
K_{Treue}	$=$	Kostentreue
K_{plan}	$=$	kalkulierte Projektkosten
K_{ist}	$=$	resultierende Kosten
K_{start}	$=$	geplante Projektkosten zu Projektstart
K_{change}	$=$	Kostenänderung durch Change Orders
K_{claim}	$=$	Kostenänderung durch Claims
$\sigma_{K\,p}$	$=$	Streuung der Kostentreue in Periode p

Spezifische Betrachtung der Termintreue

$$T_{plan} = T_{start} + \Delta T_{change} + \Delta T_{claim}$$

$$\sigma_{T\,p} = \sqrt{\frac{1}{n}\sum_{j=1}^{n}\left(\frac{(1 + T_{treue\,p}) * T_{plan\,j} - T_{ist\,j}}{(1 + T_{treue\,p}) * T_{plan\,j}}\right)^2}$$

n	$=$	Anzahl der Projekte der Periode
T_{Treue}	$=$	Termintreue der Projekte der Periode p
T_{ist}	$=$	resultierende Dauer
T_{plan}	$=$	kalkulierte Projektdauer
T_{start}	$=$	geplante Projektdauer zu Projektstart
T_{change}	$=$	Veränderung der Termine/ Projektdauer durch Change Order
T_{claim}	$=$	Veränderung der Termine/ Projektdauer durch Claims
σ_T	$=$	Streuung der Termintreue

8.2. Interviewleitfaden

Interviewleitfaden: Ermittlung eines Kennzahlensystems zur Quantifizierung der Prozessqualität anhand der Effizienz und Effektivität in der Projektabwicklung		
1. Welchen Einfluss hat die Qualität der Prozesse auf die Performance der Projektabwicklung?	hoch 10 9 8 7 6 5 4 3 2 1 0 gering	Projekteinschätzung
2. Wie wird die Qualität der Prozesse aktuell gemessen?		
3. Wie wird die Effizienz und Effektivität der Projektabwicklung aktuell gemessen?		
4. Wie schätzen Sie den Bedarf eines solchen Kennzahlensystems ein?	hoch 10 9 8 7 6 5 4 3 2 1 0 gering	
5. Welche alternativen Möglichkeiten sehen Sie um die Prozessqualität zu messen?		
6. Was zeichnet für Sie die effiziente und effektive Abwicklung eines Projekts aus?		
Kennzahlen		
7. Nennen Sie bis zu 5 Kennzahlen aus der Grobauswahl, die die Effizienz und Effektivität der Projektabwicklung angemessen wiedergeben!		Kennzahlenbewertung
8. Nennen Sie bis zu 5 Kennzahlen der Grobauswahl die sie als ungeeignet einschätzen und warum!		
9. Welche weiteren, nicht aufgeführten Kennzahlen sind ihrer Auffassung nach geeignet, um die Effizienz und Effektivität der Projektabwicklung zu quantifizieren?		
10. Welche Einschränkungen sehen sie hinsichtlich der von Ihnen ausgewählten Kennzahlen?		Spezifisches Feedback
11. Welche Hindernisse sehen sie in der Umsetzung des Kennzahlensystems		
12. Als wie sie sinnvoll erachten sie dieses Vorgehen um die Prozessqualität zu quantifizieren?	sinnvoll 2 1 0 -1 -2 nicht sinnvoll	

Abbildung 15: Interviewleitfaden

	Kennzahlen	Aussagekraft hinsichtlich der Performance					Beschränkung der Kennzahl					
		Sehr hohe Aussagekraft	Hohe Aussagekraft	Mittlere Aussagekraft	Geringe Aussagekraft	Keine Aussagekraft	Uneingeschränkt nutzbar	Geringe Beschränkung	Teilweise Beschränkung	Hohe Beschränkung	Nicht Verwendbar	
Kosten /Finanzen	Rentabilität	☐	☐	☐	☐	☐	☐	☐	☐	☐	☐	
	Varianz der Kosten	☐	☐	☐	☐	☐	☐	☐	☐	☐	☐	
	Kostentreue	☐	☐	☐	☐	☐	☐	☐	☐	☐	☐	
	Gewinn	☐	☐	☐	☐	☐	☐	☐	☐	☐	☐	
	Gewinntreue	☐	☐	☐	☐	☐	☐	☐	☐	☐	☐	
	Claimquote	☐	☐	☐	☐	☐	☐	☐	☐	☐	☐	
	Contingencies	☐	☐	☐	☐	☐	☐	☐	☐	☐	☐	
	Kostenänderung durch Change order	☐	☐	☐	☐	☐	☐	☐	☐	☐	☐	
	Cash Flow/ Liquidität	☐	☐	☐	☐	☐	☐	☐	☐	☐	☐	
Zeit / Termine	Termintreue	☐	☐	☐	☐	☐	☐	☐	☐	☐	☐	
	Varianz Terminabweichung	☐	☐	☐	☐	☐	☐	☐	☐	☐	☐	
	Einfluss der Change Order auf Terminabweichung	☐	☐	☐	☐	☐	☐	☐	☐	☐	☐	
Qualität Mitarbeiter Arbeitssicherheit	Kundenzufriedenheit	☐	☐	☐	☐	☐	☐	☐	☐	☐	☐	
	Aufwand Nacharbeit	☐	☐	☐	☐	☐	☐	☐	☐	☐	☐	
	präventive Qualitätsmaßnahmen	☐	☐	☐	☐	☐	☐	☐	☐	☐	☐	
	Bid /No Bid	☐	☐	☐	☐	☐	☐	☐	☐	☐	☐	
	Kritische Fehler	☐	☐	☐	☐	☐	☐	☐	☐	☐	☐	
	Mitarbeiterfluktuation	☐	☐	☐	☐	☐	☐	☐	☐	☐	☐	
Mitarbeiter	LTIF	☐	☐	☐	☐	☐	☐	☐	☐	☐	☐	
	Aufwand Lessons Learned	☐	☐	☐	☐	☐	☐	☐	☐	☐	☐	
	Near Misses	☐	☐	☐	☐	☐	☐	☐	☐	☐	☐	

Abbildung 16: Vorschlag Fragebogen

8.3. Kennzahlensammlung

8.3.1. Vorauswahl

Tabelle 9: Kennzahlen der Vorauswahl

Gliederung	Kennzahl	Beschreibung
Kosten / Finanzen	• Rentabilität • Varianz der Kosten • Kostentreue • Gewinntreue • Cash Flow / Liquidität • Genauigkeit *Contingencies* • Änderung der Kosten durch Change Order	→ Ertrag / Umsatz (ROI, ROCE, ROE) → Kostenabweichungen im Projektverlauf → Kostenabweichung am Projektende → Abweichung erzielter zu geplanter Gewinn → Verfügbarkeit Finanzmittel → Genauigkeit der geplanten Risikopuffer → Höhe der Änderungen im Vergleich zu den Projektgesamtkosten
Zeit / Termine	• Termintreue • Varianz der Termine • Änderung der Termine durch Change Order	→ Terminabweichung zum Projektende → Terminabweichung im Projektverlauf → Anteil der Terminveränderungen durch Change Order
Qualität/ Leistung	• Kundenzufriedenheit • Aufwand Nacharbeit • Kosten der Präventiven Qualitätsmaßnahmen • Kritische Fehler Punchlist • Angebotsqualität • Bid/ No Bid • Abweichung Mannstunden	→ subjektive Einschätzung des Projektleiters und Verwendung div. Indikatoren → Anteil Nacharbeitskosten/ Gesamtkosten → Anteil der Präventiven Qualitätskosten an den gesamten Qualitäts-bezogenen Kosten → Anzahl der kritischen Fehler die vom Kunden bei Abnahme reklamiert wurden → Anteil Kosten für Angebote zu Umsatz → Qualität der Angebote → Abweichung der geplanten zu den geleisteten Mannstunden
Mitarbeiter/ Arbeitssicherheit	• Mitarbeiterfluktuation • LTIF • Near Misses	→ ungeplante Fluktuation Projektmitarbeiter → Anzahl Ausfallzeit pro 1Mio. Arbeitsstunden → Anzahl der Beinahe-Unfälle

8.3.2. Grobauswahl

Tabelle 10: Kennzahlen der Grobauswahl[192]

Dimension	Kennzahlen
Kosten & Finanzen	• Projektgesamtkosten • Kostenabweichung absolut • Kostenabweichung relativ • Kostenabweichung der einzelnen Projektphasen relativ • Kostenabweichung der einzelnen Projektphasen absolut • Varianz der Projektkosten • Anteil Fremdleistungen • Anteil Fix-Kosten • Fehlerkosten • Veränderung des Projektvolumens Absolut • Veränderung des Projektvolumens Relativ • Projektvolumen/ Jahresumsatz • Liquidität/ Cash Flow • Gewinn/ Ertrag • Deckungsbeitrag II • Anteil Eigenkapital • Höhe Kredit / Fremdkapital • Obligo • Nicht genehmigte Änderungen / Claims • Claims (Eigene Claims/ Fremde Claims) • zukünftige Projekte • prognostizierte Kosten bis Projektende • Anteil *Contingencies* • Genauigkeit Contingency Plannung • Kostenüberschreitung • Return on Investment / Profitabilität • Return on Equity • Return on Capital Employed • Fremdkapitalquote • Umsatz-Wachstum • Kosten Forschung und Entwicklung • Anteil der Gemeinkosten • Höhe der Pönale (Strafzahlungen)

---

[192] Vgl. Alarcón et al.,S. 3ff; Roper/Lin, S. 2ff; DEPM (2005), S. 12ff; Alarcón / Serpell (1997), S. 7f; George (1998), S. 120ff.

Zeit/ Termin	• Projektdauer • Geplanter Endtermin • Prognostizierter Endtermin • Terminabweichung absolut • Terminabweichung relativ (Termintreue) • Anteil einzelner Teilprozesse (Zeit) • Zeitpuffer Kritischer Pfad • Lieferzuverlässigkeit • Lieferdauer • Planungsdauer • Zahlungsdauer • Verzögerung des Projektstarts • Early Work Agreements (Arbeiten vor dem eigentlichen Projektstart) • Stillstandzeit des Equipments • Wartezeit des Personals
Qualität/ Leistung	• Qualitätsbezogene Kosten • Aufwand Präventive Qualitätsmaßnahmen • Anzahl kritischer Fehler • Kundenzufriedenheit (nach Einschätzung der Projektleiter) • Manhours Abweichung/ Manhoursö absolut • Aufwand Lessons Learned • Beanstandungen Compliance • Reklamationen Kunden • Aufwand durch Garantie • Beanstandungen vor Übergabe an Kunden • Nacharbeit durch Kunden /Nacharbeit durch Qualitätssicherung • Leistungstreue • Bid / No Bid
Mitarbeiter/ Arbeitssicherheit	• Mitarbeiterfluktuation • Überstunden • Umsatz pro Mitarbeiter • Anzahl Mitarbeiter gesamt • Anteil eigene Mitarbeiter • Anteil Freelancer • Krankenstand • LTIF • Zahl der Near Misses (Beinaheunfälle)

8.3.3. Earned Value (Arbeitswertermittlung)

Tabelle 11: Kennzahlen der Earned Value Analyse[193]

Earned Value (BCWP)	$EV = BAC * AW$
Planned Value	$PV = BAC * AWP$
Cost Performance Index	$CPI = \dfrac{EV}{AC}$
to complete Performance Index	$TCPI = \dfrac{(BAC - EV)}{EAC - AC}$
Estimated at completion	$EAC = AC + \dfrac{BAC - EV}{CPI}$
relative Zeiteffizienz	$SPI = \dfrac{EV}{PV}$
vorraussichtlicher Fertigstellungstermin	$TAC = \dfrac{PAC}{SPI}$
Schedule Variance	$SV = EV - PV$
Cost Variance	$CV = EV - AC$

AC / (ACWP)	Actual Costs
BAC	Budgeted at Completion (geplante Projektkosten)
AWP	Advanced Work planned in %
AW	Actual Work in %
CPI	Cost Performance Index
CV	Cost Variance
EAC	Estimated Actual Cost
EV / (BCWP)	Earned Value
PAC	Planned at Completion (geplanter Fertigstellungstermin)
PC / (BCWS)	Planned Cost
PV	Planned Value
SPI	Schedule Performance Index
TAC	Time at Completion

---

[193] Vgl. Burghardt (2008), S. 400ff.

8.3.4. Kennzahlen des Projektumfelds

Tabelle 12: Kennzahlen Projektumfeld[194]

Auftraggeber	• Anzahl Wiederholungsaufträge • Anteil Auftraggeber am Gesamten Umsatz • Potentielle Folge/ Serviceaufträge • Marktanteil des Auftraggebers • Anzahl an Reklamationen/ Volumen • Reklamationsneigung des Auftraggebers • Veränderung der Stimmung (Einschätzung des Kundenberaters) • Mehrwert für Kunden (Preisunterschied zur Konkurrenz/ bei Zuschlag)
Lieferanten	• Anteil verspäteter Lieferungen • Anteil qualitativ mangelhafter Lieferungen • Veränderung der verspäteten Lieferungen • Anteil der Reklamationen • Anteil Annahmeverweigerungen • Preis des Lieferanten/ Marktpreis
Konkurrenten	• Anzahl direkter Konkurrenten • Verhältnis eigener Preis zum Preis des direkten Konkurrenten • Marktanteil der direkten Konkurrenten • Verhältnis eigener Marktanteil/ Konkurrent • Verhältniss Anzahl eigener Mitarbeiter • Anzahl an Innovationen / im Vergleich zu Konkurrenz
Infrastruktur	• Entfernung (in km) nächster Flughafen • Entfernung (in km) nächster Bahnhof • Entfernung (in km) nächster Überseehafen • Entfernung (in km) nächster Binnenhafen • Anzahl Wasserwerke in 100km Umkreis • Anzahl Kraftwerke in 100km Umkreis • Anzahl Krankenhäuser in 100 km Umkreis • Anzahl Ärzte in 100km Umkreis
Physisch-ökologische Umwelt	• Regentage /Jahr • Niederschlag/ Jahr • Temp. Differenz/Jahr • durchschnittliche Sonnenstunden • durchschnittliche Zahl der Tage mit Dauerfrost

---

[194] In Anlehnung an George (1998), S. 136 ff.

84

Rechlich-politische Umwelt	• Regierungsform • Anzahl Regierungswechsel in letzten 25 Jahren • Einfuhrkontrollen • Ausfuhrkontrolle • Zölle • Dauer für Genehmigungsverfahren • Anzahl der gesetzlichen Regelungen
ökonomische Umwelt	• Wachstum des BIP • Preisindizes • Zinssätze • Arbeitslosenquote • durchschnittlicher Verdienst • Einkaufspreise
technologische Umwelt	• Zahl bestehender Kooperationen mit Forschungsinstituten • Anzahl der Fachtagungen /Jahr
Sozio-kulturelle Umwelt	• Anteil Hochschulabsolventen • Anteil verfügbarer potentieller Arbeitnehmer

8.3.5. Kennzahlen aus dem Construction-Sektor

Tabelle 13: Kennzahlen zur Projektbewertung des DEPM[195]

Input / Prozess	Output / Ergebnis	Weitere Kennzahlen
• Zuverlässigkeit der Kosten und Termine: - Zahl Änderungen - absolute Veränderung - relative Veränderung • Einfluss der Änderungen auf Kostenentwicklung • Zuverlässigkeit der Kosten und Terminprognosen • Effektivität der Projektkommunikation • Anteil Korrekturen /Nacharbeit	• Kostenwachstum - erwartete /geplante Kosten - aktuelle /geplante kosten • Terminabweichung • Kosten der einzelnen Projektphasen • Dauer der einzelnen Projektphasen • Varianz der Kosten • Cost Performance Index • Varianz der Terminabweichung • Termin Performance Index • Safety Performance Index - LTIF - Ausfalltage	• Korrelation zwischen Schulungen und Performance • Lessons Learned Implementation • Anzahl interner Reviews • Anzahl externer Reviews • Anteil Festpreis Verträge • Anteil Kosten- und Terminabweichung zu Projektgröße • Anteil der Projekt mit geringer, mittlerer und hoher Abweichung und Veränderung zu Vorperioden

---

[195] In Anlehnung an DEPM (2005), S. 12-18.

Tabelle 14: Kennzahlen zum Performance Measurement in der Bauindustrie[196]

Klasse	Parameter	Berechnung
Ergebnis	• Kostenabweichung • Terminabweichung • Anteil Nacharbeit • Veränderung der Kosten	→ aktuelle Kosten / geplante Kosten → aktuelle Dauer / geplante Dauer → Kosten Nacharbeit / Gesamtkosten → Volumen Change Order / Gesamtkosten
Procurement	• Lieferzeit • Compliance	→ Zyklus → Beanstandungen / Gesamtprüfung
Construction	• Mannstunden • Produktivität • Equipment • Nacharbeit • Materialverbrauch	→ aktuelle Mannstunden/ geplante Mannstunden → geplant vs. Resultierend → Stand by Dauer → Mannstunden (Mh) Nacharbeit/ Mh gesamt → % des geplanten Materialverbrauchs
Planning	• Effektivität der Planung	→ % der geplanten Tätigkeiten abgeschlossen
Engineering	• Angebots Veränderungen • Fehler/Versäumnis	→ Anzahl der Änderungen/ Zahl der Angebote → Anzahl der Fehler/ Zahl der Angebote
Other Variables	• Unfallrate • Risikoquote • Subunternehmer Mh • Kosten Subunternehmer	→ Anzahl Unfälle/Gesamtzahl der Arbeiter → Anzahl der Ausfalltage/ durchschnittliche jährliche Arbeitsstunden je Arbeiter → % Mannstunden Subunternehmer → % Kosten der Subunternehmer an Gesamtkosten

---

[196] In Anlehnung an Alarcón & Serpell (1997).

9. Literaturverzeichnis

Alarcón et al.   Luis F.Alarcón Dayana B.Costa, Carlos T. Formoso, Michail Kagiolou, "Performance Measurement Systems for benchmarking in the Construction Industry" University of Salford, UK University of Rio Grande,Brazil Universidad Católica de Chile, Santiago,Chile

Alarcon & Grillo   Luis F. Alarcón, Alejandro Grillo, Javier Freire, Sven Diethelm "Learning from collaborative Benchmarking in the construction industry"9th International Conference of the International Group for Lean Construction, National University of the Singapore, Singapura, pp 407- 415

Alarcon & Serpell (1997)   Luis F. Alarcón, Alfredo Serpell "Performance measuring benchmarking and modelling of construction projects" Universidad Católica de Chile, Santiago, Chile1997

Andernach (2005)   Andernach, K. "Modell zur Bewertung und Steuerung der Qualitätsverbesserung im Rahmen von Qualitätsmanagementsystemen" TU- Berlin, Fakultät V - Verkehrs- und Maschinensysteme, Berlin, 2006, D83

Arazi & Sodangi   Arazi Bin Idrus and Mohamoud Sodangi "Framework for Evaluating Quality Performance of Contractors in Nigeria" International Journal of Civil & Environmental Engineering IJCEE- IJENS Vol: 10 No: 01 pp.34-39

Arditi & Lee (2006)   Dong-Eun Lee and David Arditi "Total Quality Performance of Design/Build Firms Using Quality Function Deployment" Journal of Construction Engineering and Management, Vol. 132 No.1, ASCE, January 2006, pp49-57

Atkinson (1999)   Roger Atkinson "Project Management: Cost, Time and Quality, two best guesses and a phenomena, its time to accept other success criteria" International Journal of Project Management Vol.17 No. 6.1999 pp. 337 - 342

Baetge (2008)   Prof. Dr. Dr. h.c. Jörg Baetge Dr. Axel Hesse "Best Practices bei SD-KPIs" Deloitte Extra-Financial Issues www.deloitte.com/de Stand 1/2008

Becker (2008)   Becker, J. Kugeler, M. Rosemann, M. (Hrsg.): *Prozessmanagement – Ein Leitfaden zur prozessorientierten Organisationsgestaltung.* 6. Auflage, Springer, Berlin 2008

Backhaus & Voeth (2007)   Backhaus, K., Voeth, M. "Industriegütermarketing" Vahlen Verlag, München 2007

Beatham et al. (2004)   Beatham, S.; Thorpe, T.Anumba, C "KPIs: A critical appraisal of their use in construction." Benchmarking International Journal Vol.11 No.1 (2004) pp.93 – 117

Blindow (2000)   Blindow, Friedrich Karl "Projektqualitätsmanagement (PQM) im Tunnelbau" Felsbaumagazin 18 (2000) Nr.5 VGE Verlag GmbH

BoK (1995)   Association of Project Management (APM) "Body of Knowledge" Januar 1995 Version2

Bomm (1992)   Bomm, H. "Ein Ziel- und Kennzahlensystem zum Investitionscontrolling komplexer Produktionssysteme", Berlin: Springer, 1992.

BS 6079   British Standard in Project Management 6079 (1996) ISBN 0 580 25594 8

Burghardt (2008)	Burghardt, Manfred "Projektmanagement- Leitfaden für die Planung, Überwachung und Steuerung von Projekten" Publicis Corporate Publishing Hrsg. Siemens AG Berlin/ München 8. Auflage 2008
Burkert (2008)	Burkert, Michael "Qualität von Kennzahlen und Erfolg von Managern" Gabler Edition Wissenschaft Research in Management Accounting and Control hrsg. von Prof. Dr. Utz Schäffer WHU- Otto Beisheim School of Management, Vallendar 1.Auflage 2008
Chinny	Nzekwe-Excel Chinny "Improved Client Satisfaction: A Strategic Approach in the Construction Sector" School of Engineering and Built Environment, WMCCE, University of Wolverhampton UK pp.111-120
Crosby (1979)	Crosby P.B. "Quality is free" McGraw- Hill, New York, NY, 1979
CURT (2005)	"Construction Measures: Key Performance Indicators" CURT, The Construction Users Roundtable September 2005 www.curt.org
Cooper et al. (2007)	Cooper, R. ; Aouad, G.; Lee, A. ; Wu, S. ; "Process and Product Modeling" in Wiley guide to Project Technology, Supply Chain Procurement Management. Hoboken, New Jersey, Wiley& Sons 2007
Cordero(1989)	Cordero, R.: The measurement of innovation performance in firm: An overview. In:Research Policy 1989, Vol. 19, S. 185-192.
Dale & Plunkett (1990)	Dale, B. Plunkett, J. "The Case for Quality Costing" Department for Trade and Industry, London UK 1990
Dellmann (2002)	Delmann, K. "Kennzahlen und Kennzahlensysteme" erschienen in Wirtschaftslexikon Hrsg. Handelsblatt (2006) pp. 2916-2923
Deming (1986)	Deming, W. Edwards "Out of Crisis" MIT Center for Advanced Engineering Study, Cambridge, MA 1986
DEPM (2005)	Committee for oversight and assessment of the U.S. Department of Energy Project Management "Measuring Performance and Benchmarking Project Management at the Department of Energy" National Academy of Sciences (2005) National Academic Press Washington DC. USA
DIN EN ISO 9000/2005	DIN EN ISO 9000/2005 „Qualitätsmanagement-Systeme – Grundlagen und Begriffe." Deutsches Institut für Normung (Hrsg.)
Dixon et al (1990)	Dixon, J.R., Nanni, A.J. Jr. and Vollmann, T.E. "The New Performance Challenge: Measuring Operations for World Class Competitions" Business One Irwin, Burr Ridge, IL, 1990
Drucker (1971)	Drucker, W. "The Objectives of a Business" Readings in Management 3. Auflage, 1971, pp.306-309
Dwight (1999)	Dwight, R.: Searching for real maintenance performance measures. In: Journal of Quality in Maintenance Engineering Vol. 5(3), (1999), pp. 258-275.
Engroff (2005)	Engroff, R. "Praktischer Einsatz von Kennzahlen und Kennzahlensystemen in der Produktion" Praxisleitfaden der AWF-Arbeitsgemeinschaft „Kennzahlen und Kennzahlensystemen zur Unternehmensführung und –steuerung" - 2.Auflage 2005 AWF Escherborn
Feigenbaum (1956)	Feigenbaum A.V "Total Quality Control" Harvard Business Review, Vol.34 No.6 Nov.-Dec. (1956) pp. 93-101
Ferrostaal (2011)	Managementsystem Handbuch der Ferrostaal AG Hrsg. A.Schneider. Essen (2011)

Fiedler (2010)	Fiedler, R "Controlling von Projekten Zusatz mit konkreten Beispielen aus der Unternehmenspraxis: alle Aspekte der Projektplanung, Projektsteuerung und Projektkontrolle." Vieweg & Teubner, Wiesbaden 5. Auflage 2010
Friedag / Schmidt (1999)	Friedag, H., Schmidt, W. "Balanced Scorecard" Haufe Verlag, Berlin, München, Freiburg 1. Auflage 1999
Funk (1986)	Funk, J. Volkswirtschaftliche Bedeutung und betriebswirtschaftliche Besonderheiten des industriellen Anlagenbaus Hrsg. Funk, Laßmann, Zeitschrift für betriebswirtschaftliche Forschung Sonderheft 20, pp9-19
Garvin (1987)	Garvin, D. "Competing on the eight dimensions of quality" Harvard Business Review, Jg. o.A., Heft 6,S. 101-109
Geiß (1986)	Geiß, W. "Betriebswirtschaftliche Kennzahlen. Theoretische Grundlagen einer problemorientierten Kennzahlenanwendung." Frankfurt a.M. 1986
George (1998)	George, Gunnar "Kennzahlen für das Projektmanagement" Europäische Hochschulschriften, Peter Lang, Europäischer Verlag der Wissenschaften 1998
Gilmore (1990)	Gilmore H.L. "Continuous incremental improvement: an operations strategy for higher quality, lower costs and global competitiveness" SAM Advanced Management Journal Vol.55 No.1. Winter 1990 pp 21-51
Gladen (2008)	Gladen, W. „Performance Measurement: Controlling mit Kennzahlen" Gabler GWV Fachverlage GmbH, Wiesbaden.
Gleich (1997)	Gleich, R."Performance Measurement" In: DBW - Die Betriebswirtschaft 1997, Vol. 57(1), S. 114-117
Gleich et al. (2005)	Gleich, R. Müller, M. Kämmler, A. Staudinger, M. „Management-herausforderungen im Großanlagenbau" in ZWF 100.Jahrgang Carl Hanser Verlag, München, Nr.4 2005 pp.182-186
GPM(2009)	GPM Gesellschaft für Projektmanagement e.V. "Kompetenzbasiertes Projektmanagement (PM3)" Hrsg. M.Gessler GPM Deutsche Gesellschaft für Projektmanagement Nürnberg (2009)
Grüning (2002)	Grüning, M." Performance-Measurement-Systeme: Messung und Steuerung von Unternehmensleistung", 1. Aufl, Wiesbaden: Dt. Univ.-Verl., 2002.
Harrington (1987)	Harrington H.J. "Poor Quality Cost" ASQC Quality Press, Milwaukee, WI, 1987
Heinen (1972)	Heinen E "Grundtatbestände der Betriebsführung" Industriebetriebslehre in programmierter Form Band I: Grundlagen 1972 pp. 327-405
Hilmar (2008)	Prof. Dr. Hilmar J. Vollmuth Robert Zwettler "Kennzahlen" Rudolf Haufe Verlag GmbH & Co. KG Planegg/München 2008
Hirsch (2005)	Hirsch B. "Verhaltensorientiertes Controlling" Zeitschrift für Controlling und Management, Bd.49 (2005), Nr.4 pp. 282-287
Hoffmann (1999)	Hoffmann, O.: Performance Management: Systeme und Implementierungsansätze. Bern, 1999.
Homburg (2006)	Homburg, C. and Bucerius, M. (2006) ‚Kundenzufriedenheit als Managementherausforderung', in: Homburg, C. (ed.) *Kundenzufriedenheit: Konzepte – Methoden – Erfahrungen (*6. Auflage) Wiesbaden: Gabler pp.53-90
Horváth (2002)	Horváth, P. „Controlling", 8.Aufl., München: Vahlen, 2002.

IEEE (1990)	IEEE Standard 610 "IEEE Recommended Practice for Software Requirements Specification" 1990
Ilhan et al.(2007)	Ilhan Yu, Kyungrai Kim, Youngsoo Jung, Sangyoon Chin "Comparable Performance Measurement System for Construction Companies" Journal of Management in Engineering July 2007 pp.131-139
Ive et al (2004)	Ive, Graham Gruneberg, Stephen; Meikle, Jim; Crosthwaite, David "Measuring the competitiveness of the UK Construction Industry" Construction Economies and Statistics University College of London Davis Langdon Consultancy September 2004
Kärna (2009)	Kärnä, S., Sorvala, V.M. and Junnonen, J.M. (2009) 'Classifying and Clustering Construction Projects by Customer Satisfaction', *Facilities,* Vol.27 (9/10), pp.387-398.
Kaplan / Norton (1996)	Kaplan, R. Norton, D. "The balanced scorecard: translating strategy into action", Boston, Harvard Business School Press, 1996.
Kellner (2001)	Kellner, H. "Die Kunst IT Projekte zum Erfolg zu führen, Ziele- Strategien- Teamleistungen" Carl Hanser München 2.Auflg 2001
Kneip (2007)	Kneip, T. „Produktivitäts und Performance Measurement: Messung der gesamtbetrieblichen Produktivitätsentwicklung und Aufbau eines wertschöpfungsorientierten Performance-Measurement-Systems" WIKU-Verlag Dr.Stein, Duisburg und Köln (2007)
Kohli (1978)	Kohli, M. „ Offenes und geschlossenes Interview – neue Argumente zu einer alten Kontroverse". Soziale Welt 29, 1978 pp.1-25
Kotter (1998)	Kotter, J. "Chaos, Wandel, Führung" Düsseldorf, München, ECON-Verlag 2. Auflage 1998
KPI Group (2000)	the KPI Working Group "KPI Report for the Minister for Construction" Department of the Environment, Transport and the Regions January 2000
Kieser et al. (2002)	Kieser, A. "Mehr Rechtssicherheit durch normative Managementkonzepte und Organisationsnormung?" zfbf, Jg. 54 Heft August 2002, pp 395- 425
Lachnit(1976)	Lachnit, L. Reichmann, T. "Planung, Steuerung und Kontrolle mit Hilfe von Kennzahlen", 1976.
Lebas (1995)	Lebas, M.: Performance measurement and performance management. In: International Journal of Production Economics Vol. 41(9),(1995), pp. 23-35.
Love & Zahir (2003)	Peter E.D. Love, Zahir Irani "A project management quality cost information system for the construction industry" Information & Management 40 (2003) pp. 649-661
Minchin (2001)	R.E. Minchin Jr. G.R. Smith "Quality-Based Performance Rating of Contractors for Prequalification and Bidding Purposes" NCHRP Web Document 38 (Project D10-54): Contractors Final Report March 2001
Möller & Dörrenberg (2003)	Möller, T. Dörrenberg, F "Projektmanagement" München: Oldenbourg 2003
Mohammed & Abdullah	Abdul Hakim bin Mohammed, Mat Naim bin Abdullah "Quality Management System in Construction" Universiti Teknologi Malaysia
Motzel (2010)	Motzel Erhard "Projekt-Managementlexikon" 2.überarbeitete Auflage Wiley Verlag VCH Verlag GmbH & Co KG, Weinheim 2010

Müller (2008)   Müller, Michael „Claims Management im Großanlagenbau" in Controlling und
                           Management, Hrsg. R.Gleich, A.Wald, European School of Business
                           International University Schloss Reichartshausen 2008

Neely et al (1995)   Neely, A., Gregory, M., Platts, K.: "Performance measurement system design -
                           A literature review and research agenda." In: International Journal of
                           Operations & Production Management 1995, Vol. 15(4), pp. 80-116

Noth & Töpelmann (1986)   Noth, T. Töpelmann, M "Konzeption eines Kennzahlensystems zur
                           Unterstützung des Software- Projektmanagements" Projektmanagement,
                           Beiträge zur GPM- Jahrestagung 1986, München pp. 305 -314

Oisen (1971)   Oisen, RP. "Can project management be defined" Project Management
                           Quaterly, 1971 Vol 2 Nr.1 1971 pp12-14

Ottmann & Schelle(2008)   Ottmann, Roland; Schelle, Heinz "Projektmanagement- Die besten
                           Projekte, die erfolgreichsten Methoden" C.H.Beck Verlag oHG München 2008

Özcan (2009)   Sinan Özcan "Prozessorientiertes Projektqualitätsmanagement bei komplexen
                           Bauprojekten am Beispiel des Straßenbaus- Grundlagen und Anforderungen"
                           Schriftreihe Bauwirtschaft III Tagungen und Berichte 6 Universität Kassel
                           (2009)

Özcan (2010)   Özcan Sinan "Prozessorientiertes Projekt-Qualitäts-Management"
                           Schriftenreihe Projektmanagement Heft11 Dezember 2010 Universität Kassel

Parker (2005)   Parker Stephen K, Skitmore Martin "Project Management Turnover: Causes
                           and Effects on Project Performance" School of Construction Management and
                           Property Queensland University of Technology, Brisbane Australia, 2005

Parmenter (2007)   Parmenter, D." Key Performance Indicators: Developing, Implementing, and
                           Using Winning KPIs." John Wilex&Sons, Inc. Hoboken, New Jersey 2007

Patzak/Rattay (2009)   Patzak, G. Rattay, G. "Projektmanagement" 5.Auflage Linde Verlag, Wien
                           2009

Picard (2002)   Hans E.Picard "Construction Process Measurement and Improvement"
                           Proceedings IGLC-10 Aug.2002, Gramado, Brazil

PMBOK (1996)   Project Management Institute "A Guide to the Project Management Body of
                           Knowledge (PMBOK Guide)" Project Management Institute, Inc.Newton
                           Square,2.Auflage 1996

PMBOK (2008)   Project Management Institute "A Guide to the Project Management Body of
                           Knowledge (PMBOK Guide)" Project Management Institute, Inc.Newton
                           Square, 4.Auflage 2008

Porter / Parker (1993)   Porter, L./ Parker, A. "Total Quality Management - the critical success factors"
                           Total Quality Management, Kanji (Hrsg.) 4. Auflage, pp13-22, Oxford, Oxford
                           Journals 1993

Reichmann (1995)   Reichmann, T. „Controlling mit Kennzahlen", 4. Auflage,
                           München, Vahlen 1995

Richter (2005)   Richter M. "Dynamik von Kundenerwartungen im Dienstleistungsprozess,
                           Konzeptionalisierung und empirische Befunde" Bruhn M. (Herausgeber)
                           Basler Schriften zum Marketing Gabler Verlag Wiesbaden 2005

Roper &Lin   Ken Roper, Michael McLin "Key Performance Indicators Drive Best Practices
                           for General Contractors" FMI Corporation www.fminet.com

Rupp (2004)   Rupp, C. "Requirements Engineering und Management" Carl Hanser
                       Nürnberg 3.Auflage 2004

Samson & Lema   M. Samson, NM. Lema "Development of Construction Contractors
                       Performance Measurement Framework" Department of Construction
                       Technology and Management, University of Dar es Salaam, Tanzania

Saunders et al. (2007) Saunders, M., Lewis, P., Thornhill, A, "Research Methods for Business
                       Students" Harlow: Prentice Hall 4. Auflage 2007

Schermesser (2002)   Schermesser, S. „Messen und Bewerten von Geschäftsprozessen als
                       operative Aufgabe des Qualitätsmanagements" RWTH Aachen Dissertation
                       2002

Schelle (1982)   Schelle, H. "Projektkennzahlen und Projektkennzahlensysteme" Angewandte
                       Systemanalyse Band 3 Heft 3 1982 pp. 3 – 125

Schelle (1989)   Schelle H. „Zur Lehre vom Projektmanagement" in Schelle H./ Schnopp,
                       (Hrsg.) R Handbuch Projektmanagement. Band 1, pp. 333- 365

Sinha & Willborn (1985) Sinha, M.N. and Willborn W.W. "The Management of Quality Assurance" John
                       Wiley & Sons, New York, NY 1985

Stricker (2011)   Stricker Gero "Verlagsspezial – Maschinenbau und Technik" Wirtschaftsspiegel
                       Aschendorff Verlag März 2011 p.78

Strigl (2001)   Strigl, T. „Bewertung der Logistikeffizienz von Produktionsunternehmen durch
                       datenbankgestütztes Benchmarking," Düsseldorf: VDI-Verlag, 2001.

Sullivan et al. (2008) Kenneth Sullivan, Dean Kashiwagi, Brad Carey "Analysis of the Use of
                       Performance Information in the Construction Industry" First International
                       Conference on Construction in Developing Countries (ICCIDC-I) August 4-5,
                       2008, Karachi, Pakistan pp. 320-337

Tangen (2003)   Tangen S."An overview of frequently used performance measures." Work
                       StudyVol.52 No.7 pp.347-354

Tatikonda / Tatikonda (1996)   Tatikonda, L. / Tatikonda, R. "Top Ten Reasons Your TQM Effort is
                       Failing to Improve Profit" Production and Inventory Management Journal, Jg.
                       o.A., Heft Third Quarter, pp 5-9 (1996)

Vaxevanidis (2009)   N.M. Vaxevanidis, G.Petropoulos, J. Avakumovic, A.Mourlas "Cost Of Quality
                       Models and Their Implementation in Manufacturing Firms" International
                       Journal for Quality Research Vol.3, No.1 2009 Scientific Review Paper (1.02)
                       pp. 27-36

VDMA (2007a)   Verband Deutscher Maschinen- und Anlagenbau e.V. „Maschinenbau in Zahl
                       und Bild 2007" Frankfurt am Main VDMA-Verlag 2007

VDMA (2007b)   VDMA „Porträt der Arbeitsgemeinschaft Großanlagenbau" Frankfurt am Main
                       VDMA-Verlag 2007

VDMA (2011)   VDMA „Lagebericht Großanlagenbau 2010" auf
                       http://www.chemietechnik.de/texte/anzeigen/114725/Anlagenbau/Planung/Tau
                       wetter-in-frostigem-Umfeld/Anlagenbau-Grossanlagenbau-Engineering-
                       AGAB-VDMA+VDMA-Verband-Deutscher-Maschinen-und-Anlagenbau-e-V

Wasielewski (1979)   Wasielewski, E. "Grundzüge einer Projektvergleichstechnik"
                       Projektmanagement- Konzepte, Verfahren,
                        Anwendung; Hrsg. M. von Saynisch, H. Schelle, A.Schub, München/Wien
                       1979 pp.371 -397

Wasielewski (1984) Wasielewski, E. "Plan-Ist-Vergleich und Plantreue" Projektmanagement
Beiträge zur Jahrestagung 1984 GPM Gesellschaft für Projektmanagement
Internet Deutschland e.V. München 1984 pp.331 - 340

Weber (2002) Weber, M. "Kennzahlen: Unternehmen mit Erfolg führen" Haufe Verlag 3.Aufl.
Freiburg im Breisgau (2002)

Weber (2006) Weber, K. „Inbetriebnahme verfahrenstechnischer Anlagen, Praxisbuch mit
Checklisten und Beispielen", 3.Auflage Berlin Heidelberg, Springer, 2006

Weber/ Schäffer (2006) Weber, J. Schäffer, U. „Einführung in das Controlling", 11.Aufl.,Stuttgart:
Schäffer-Poeschel, 2006.

Weiber (1985) Weiber, R." Dienstleistungen als Wettbewerbsinstrument im internationalen
Anlagengeschäft" Berlin Duncker Humblot 1985

Wettstein (2002) Wettstein T. "Gesamtheitliches Performance Measurement" Dissertation,
Universität Freiburg(CH) 2002

Willis & Willis (1996) T.Hillman Willis, William D. Willis "A quality performance management system
for industrial construction engineering projects" International Journal of Quality
&Reliability Management Vol. 13 No.9, 1996 pp. 38-48MCB University Press

Yu et al (2005) "Quantitative analysis of the effect of informatization on the performance of
construction companies" Yu, I., et al   1st International Conference on
Construction Engineering Management, ICCEM 2005 Korea Seoul, pp. 474-
479

Zoepfl et al. Zoepfl, Melissa C., Zoepfl, Fred, Wusterbarth, Arlene R. "Plant Construction
Costs: What have we learned" Energy Infrastructure Sigma, Energy Security
pp.24-29

Onlinequellen:

- **www.gpm-ipma.de**

  http://www.gpm-infocenter.de/uploads/PMMethoden/Earned_Value_Analyse.pdf
  Deutsche Gesellschaft für Projektmanagement e.V. (Stand 02.11.2011)

- **www.huegin.com.au**

  http://www.huegin.com.au/wp-
  content/uploads/Measuring_Project_Performance.pdf
  Huegin Consulting, North Sydney (Stand 02.11.2011)

- **www.pmqs.de**

  http://www.pmqs.de/index.php/projektmanagement/grundlagen/52-4-das-
  magische-dreieck.html
  Portal für Projektmanagement und Testmanagement (Stand 02.11.2011)

- **www.zvei.de**

  http://www.zvei.de/de/wirtschaft_recht_maerkte/betriebswirtschaft/
  zvei_kennzahlensystem/
  Zentralverband Elektrotechnik- und Elektronikindustrie e.V. (Stand 02.11.2011)

Tabellenverzeichnis

Abbildungsverzeichnis